本書の特色と使い方

とてもゆっくりていねいに、段階を追った読解学習ができます。

・一シートの問題量を少なくして、ゆったりとした紙面構成で、読み書きが苦手な子どもでも、ゆっくりていねいに段階を追って学習することができます。
・漢字が苦手な子どもでも学習意欲が減退しないように、問題文の全てをかな文字で記載しています。

児童の個別学習の指導にも最適です。

・文学作品や説明文の読解の個別指導にも最適です。
・読解問題を解くとき、本文を二回読むようにご指導ください。その後、問題文をよく読み、本文から答えを見つけます。

光村図書・東京書籍・教育出版国語教科書などから抜粋した物語・説明文教材、ことば・文法教材の問題などを掲載しています。

・教科書掲載教材を使用して、授業の進度に合わせて予習・復習ができます。
・三社の優れた教科書教材を掲載しています。ぜひご活用ください。

どの子も理解できるよう、長文は短く切って掲載しています。

・長い文章の読解問題の場合は、読みとりやすいように、問題文を二つなどに区切って、問題文と設問に1、2…と番号をつけ、短い文章から読みとれるよう配慮しました。
・読解のワークシートでは、設問の中で着目すべき言葉に傍線（サイドライン）を引いておきました。
・記述解答が必要な設問については、答えの一部をあらかじめ解答欄に記載しておきました。

習意欲をはぐくむ工夫をしています。

・できるだけ解答欄を広々と書きやすいよう配慮しています。
・内容を理解するための説明イラストなども多数掲載しています。
・イラストは色塗りなども楽しめます。

※ワークシートの解答例について（お家の方や先生方へ）
本書の解答は、あくまでもひとつの「解答例」です。お子さまに取り組ませる前に、必ず指導される方が問題を解いてください。指導される方の作られた解答をもとに、お子さまの多様な考えに寄り添って○つけをお願いします。

もっと　ゆっくり　ていねいに学べる

読解ワーク　基礎編

（光村図書・東京書籍・教育出版の教科書教材などより抜粋）

目次

6-①

詩　物語　説明文　伝記

言葉

春《はる》の河《かわ》

名前

● 次《つぎ》の詩《し》を二回読《にかいよ》んで、答《こた》えましょう。

春《はる》の河《かわ》

山村《やまむら》　暮鳥《ぼちょう》

たつぷり《（たっぷり）》と
春《はる》は
小《ちい》さな川々《かわがわ》まで
あふれてゐ《（い）》る
あふれてゐ《（い）》る

（令和二年度版　光村図書　国語　六　創造　山村《やまむら》　暮鳥《ぼちょう》）

(1) 題名《だいめい》は何《なん》ですか。

(2) 「春《はる》の河《かわ》」とありますが、「河《かわ》」とはどんなものと考《かんが》えられますか。○をつけましょう。

（　）広《ひろ》く大《おお》きな川《かわ》。
（　）せまく小《ちい》さな川《かわ》。

(3) 季節《きせつ》はいつですか。

(4) 春《はる》は小《ちい》さな川々《かわがわ》までどうなっていますか。○をつけましょう。

（　）少《すく》なくなっている。
（　）あふれている。

(5) この詩《し》で二回《にかい》くり返《かえ》されている言葉《ことば》は何《なん》ですか。

小景異情《しょうけいいじょう》

名前

● 次《つぎ》の詩《し》を二回読《にかいよ》んで、答《こた》えましょう。

小景異情《しょうけいいじょう》

室生《むろう》　犀星《さいせい》

あんずよ
花着《はなつ》け
地《ち》ぞ早《は》やに輝《かが》やけ
あんずよ花着《はなつ》け
あんずよ燃《も》えよ

※小景異情《しょうけいいじょう》…心《こころ》に残《のこ》るちょっとした風景《ふうけい》が、いつもとちがった気持《きも》ちをわきおこす。

※あんず…桃《もも》の花《はな》のような花《はな》をつける。アプリコットとよばれることもある。

（令和二年度版　光村図書　国語　六　創造　室生《むろう》　犀星《さいせい》）

(1) 題名《だいめい》「小景異情《しょうけいいじょう》」について答《こた》えましょう。

① 小景《しょうけい》とはどういう意味《いみ》ですか。○をつけましょう。

（　）絵《え》にかいた小《ちい》さな風景《ふうけい》。

（　）心《こころ》に残《のこ》るちょっとした風景《ふうけい》。

② 異情《いじょう》とはどういう意味《いみ》ですか。○をつけましょう。

（　）いつも同《おな》じことを感《かん》じる。

（　）いつもとちがった気持《きも》ち。

(2) 「花着《はなつ》け」について答《こた》えましょう。

① 花着《はなつ》けとはどういう意味《いみ》ですか。○をつけましょう。

（　）花《はな》を咲《さ》かせよう。

（　）早《はや》く実《み》をつけよう。

② 花着《はなつ》けは何回《なんかい》くり返《かえ》されていますか。

［　　］回《かい》

季節《きせつ》の言葉《ことば》

春《はる》のいぶき (1)

名前

日本《にほん》では、こよみのうえで季節《きせつ》を二十四《にじゅうよん》に区切《くぎ》っていました（二十四節気《にじゅうしせっき》）。「春《はる》」には、順《じゅん》に、立春（二月四日《にがつよっか》ごろ）・雨水（二月十九日《にがつじゅうくにち》ごろ）・啓蟄（三月六日《さんがつむいか》ごろ）・春分（三月二十一日《さんがつにじゅういちにち》ごろ）・清明（四月五日《しがついつか》ごろ）・穀雨（四月二十日《しがつはつか》ごろ）の六《むっ》つの言葉《ことば》があります。

(1) 次《つぎ》の言葉《ことば》の読《よ》み方《かた》を□から選《えら》んで書《か》きましょう。

① 立春 ［　　］

② 雨水 ［　　］

③ 啓蟄 ［　　］

④ 春分 ［　　］

⑤ 清明 ［　　］

⑥ 穀雨 ［　　］

・しゅんぶん　・けいちつ　・こくう
・りっしゅん　・せいめい　・うすい

(2) 次《つぎ》の㋐〜㋕の言葉《ことば》を、季節《きせつ》が来《く》る順番《じゅんばん》にならべかえて□に記号《きごう》で書《か》きましょう。

㋐ 雨水　㋑ 清明　㋒ 穀雨
㋓ 立春　㋔ 春分　㋕ 啓蟄

㋓ → □ → □ → ㋔ → □ → □

季節《きせつ》の言葉《ことば》

春《はる》のいぶき (2)

名前

(1) 次《つぎ》の言葉《ことば》の意味《いみ》にあてはまる説明《せつめい》を下《した》から選《えら》び、——線《せん》で結《むす》びましょう。

①【りっしゅん】
立春
(二月四日《にがつよっか》ごろ)

②【うすい】
雨水
(二月十九日《にがつじゅうくにち》ごろ)

③【けいちつ】
啓蟄
(三月六日《さんがつむいか》ごろ)

降《ふ》る雪《ゆき》が雨《あめ》に変《か》わって、深《ふか》く積《つ》もった雪《ゆき》も解《と》け始《はじ》めます。このころから、春《はる》の初《はじ》めのころの気配《けはい》が感《かん》じられるようになります。

こよみのうえで、春《はる》が始《はじ》まる日《ひ》です。まだ寒《さむ》さはきびしいですが、だんだんと日《ひ》がのびて、木々《きぎ》が芽《め》を出《だ》します。

地面《じめん》の中《なか》で冬眠《とうみん》していた虫《むし》がはい出《で》てくるころという意味《いみ》です。春《はる》も、もうすぐ本番《ほんばん》になるころです。

(2) 次《つぎ》の言葉《ことば》の意味《いみ》にあてはまる説明《せつめい》を下《した》から選《えら》び、——線《せん》で結《むす》びましょう。

①【しゅんぶん】
春分
(三月二十一日《さんがつにじゅういちにち》ごろ)

②【せいめい】
清明
(四月五日《しがついつか》ごろ)

③【こくう】
穀雨
(四月二十日《しがつはつか》ごろ)

いろいろな穀物《こくもつ》をうるおし、芽《め》を出《だ》させる春《はる》の雨《あめ》という意味《いみ》です。これを過《す》ぎると、いよいよ夏《なつ》となります。

昼《ひる》と夜《よる》の長《なが》さがほぼ等《ひと》しくなります。これより後《あと》は、昼《ひる》の時間《じかん》が長《なが》くなっていきます。春《はる》のひがんの中日《ちゅうにち》にあたります。

気候《きこう》がしだいに暖《あたた》かくなり、すがすがしく、明《あか》るい空気《くうき》に満《み》ちあふれるころです。

天《てん》地《ち》の文《ふみ》 (1)

名前

● 次《つぎ》の文章《ぶんしょう》と意味《いみ》の文《ぶん》を二回読《にかいよ》んで、答《こた》えましょう。

㋐天地日月《てんちじつげつ》。
東西南北《とうざいなんぼく》。
きたを背《せ》に南《みなみ》に向《む》かひ《(い)》て
右《みぎ》と左《ひだり》に指《ゆび》させば、
ひだりは東《ひがし》、みぎはにし。
㋑日輪《にちりん》、朝《あさ》は東《ひがし》より
次第《しだい》にのぼり、
暮《く》れはまたにしに㋒没《ぼっ》して、
夜《よる》くらし。

【意味《いみ》の文《ぶん》】
天《てん》と地《ち》、そして太陽《たいよう》と月《つき》。
東西南北《とうざいなんぼく》。
北《きた》を背《せ》にして南《みなみ》に向《む》かって
右《みぎ》と左《ひだり》を指《ゆび》さすと、
左《ひだり》は東《ひがし》、右《みぎ》は西《にし》である。
太陽《たいよう》は、朝《あさ》は東《ひがし》から
しだいにのぼり、
暮《く》れには西《にし》にしずんで、
夜《よる》は暗《くら》くなる。

（令和二年度版　光村図書　国語　六　創造　福澤《ふくざわ》　諭吉《ゆきち》「天地の文」による）

(1) 北《きた》を背《せ》にして南《みなみ》に向《む》かって右《みぎ》と左《ひだり》を指《ゆび》さすと、左《ひだり》と右《みぎ》の方角《ほうがく》は、それぞれ何《なん》ですか。

① 左《ひだり》 □

② 右《みぎ》 □

(2) 太陽《たいよう》は、朝《あさ》はどの方角《ほうがく》からのぼり、暮《く》れにはどの方角《ほうがく》にしずみますか。

① 朝《あさ》 □

② 暮《く》れ □

(3) ㋐天地日月《てんちじつげつ》で、日月《じつげつ》は何《なに》を表《あらわ》しますか。

［□と□］。

(4) ㋑日輪《にちりん》とは、何《なに》を表《あらわ》しますか。

□

(5) ㋒没《ぼっ》してとは、どういう意味《いみ》ですか。○をつけましょう。

（　）しずんで

（　）のぼって

天《てん》地《ち》の文《ふみ》 (2)

次《つぎ》の文章《ぶんしょう》と意味《いみ》の文《ぶん》を二回《にかい》読《よ》んで、答《こた》えましょう。

名前

一昼一夜《いっちゅういちや》変《か》わりなく、
界《さかい》を分《わ》けし午前午後《ごぜんごご》、
前後《ぜんご》合《あ》わせて二十四時《にじゅうよじ》、
時《とき》をあつめて日《ひ》を計《かぞ(え)》へ、
日数《ひかず》つもりて
㋐三十《さんじゅう》の数《かず》に満《み》つれば一《いっ》か月《げつ》、

【意味《いみ》の文《ぶん》】
一日《いちにち》は
午前《ごぜん》と午後《ごご》に分《わ》かれ、
合《あ》わせて二十四時間《にじゅうよじかん》である。
時間《じかん》を積《つ》み重《かさ》ねて
日《ひ》がたち、
三十日《さんじゅうにち》になると、一《いっ》か月《げつ》である。

(1) 意味《いみ》の文《ぶん》を読《よ》んで、答《こた》えましょう。

① 一日《いちにち》は何《なに》と何《なに》に分《わ》かれますか。

□□ と □□。

② 一日《いちにち》は何時間《なんじかん》ですか。

□□□ 時間《じかん》。

(2) ㋐三十《さんじゅう》の数《かず》に満《み》つれば一《いっ》か月《げつ》とは、どういう意味《いみ》ですか。

□□□ になると、□□□ である。

（令和二年度版　光村図書　国語　六　創造　福澤《ふくざわ》諭吉《ゆきち》「天地の文」による）

天《てん》地《ち》の文《ふみ》 (3)

名前

● 次《つぎ》の文章《ぶんしょう》と意味《いみ》の文《ぶん》を二回《にかい》読《よ》んで、答《こた》えましょう。

大《だい》と小《しょう》とにかかは《(わ)》らず、
あらまし分《わ》けし四《し》週日《しゅうじつ》、
一週日《いっしゅうじつ》の名目《みょうもく》は日月火水木金土《にちげつかすいもくきんど》、
一七日《ひとなぬか》に一新《いっしん》し、
一年《いちねん》五十二《ごじゅうに》週日《しゅうじつ》、

（令和二年度版　光村図書　国語　六　創造　福澤《ふくざわ》諭吉《ゆきち》「天地の文」による）

【意味《いみ》の文《ぶん》】
㋐三十一日《さんじゅういちにち》と三十日《さんじゅうにち》の月《つき》はあるが、
一《いっ》か月《げつ》はだいたい四週《よんしゅう》であり、
一週《いっしゅう》は日月火水木金土《にちげつかすいもくきんど》で、
㋑七日《なのか》ごとに週《しゅう》が新《あたら》しくなって、
一年《いちねん》は五十二週《ごじゅうにしゅう》である。

(1) 意味《いみ》の文《ぶん》の、㋐三十一日《さんじゅういちにち》と三十日《さんじゅうにち》は、上《うえ》の文章《ぶんしょう》では何《なに》と何《なに》だと書《か》かれていますか。

□と□

(2) ㋑七日《なのか》ごとに週《しゅう》が新《あたら》しくなってとは、上《うえ》の文章《ぶんしょう》ではどのように書《か》かれていますか。

□《ひと》□《なぬ》□《か》に□□し

(3) 意味《いみ》の文《ぶん》を読《よ》んで、答《こた》えましょう。

① 一《いっ》か月《げつ》はだいたい何週《なんしゅう》ありますか。

□週《しゅう》。

② 一年《いちねん》は何週《なんしゅう》ありますか。

□□□週《しゅう》。

天《てん》地《ち》の文《ふみ》(4)

● 次《つぎ》の文章《ぶんしょう》と意味《いみ》の文《ぶん》を二回《にかい》読《よ》んで、答《こた》えましょう。

名前

第一月《だいいちげつ》の一日《いちにち》は
年《とし》たち回《まわ》る時《とき》なれど、
㋐春《はる》の初《はじ》めは尚遅《なおおそ》く
初《はじ》めて来《きた》る第三月《だいさんげつ》、
春夏秋冬《しゅんかしゅうとう》三月《みつき》づ《(ず)》つ合《あ》わせて
三百六十日《さんびゃくろくじゅうにち》、

【意味《いみ》の文《ぶん》】
一月一日《いちがつついたち》は
㋑新年《しんねん》で、
(こよみのうえでは春《はる》になるが、)
本当《ほんとう》の春《はる》のおとずれは遅《おそ》く、
三月《さんがつ》である。
春夏秋冬《しゅんかしゅうとう》三《さん》か月《げつ》ずつを合《あ》わせると
三百六十日《さんびゃくろくじゅうにち》になり、

(令和二年度版　光村図書　国語　六　創造　福澤《ふくざわ》　諭吉《ゆきち》「天地の文」による)

(1) ㋐春《はる》の初《はじ》めは尚遅《なおおそ》くとは、どういう意味《いみ》ですか。○をつけましょう。

( ) 春《はる》のおとずれは遅《おそ》く
( ) 春《はる》がはじまらない

(2) 意味《いみ》の文《ぶん》の、㋑新年《しんねん》では、上《うえ》の文章《ぶんしょう》では何《なん》と書《か》かれていますか。

(3) 意味《いみ》の文《ぶん》を読《よ》んで、答《こた》えましょう。

① 一月一日《いちがつついたち》はこよみのうえでは季節《きせつ》はいつですか。

② 春夏秋冬《しゅんかしゅうとう》三《さん》か月《げつ》ずつを合《あ》わせると、何日《なんにち》になりますか。

日《にち》。

天地《てんち》の文《ふみ》 (5)

名前

次《つぎ》の文章《ぶんしょう》と意味《いみ》の文《ぶん》を二回《にかい》読《よ》んで、答《こた》えましょう。

㋐一年一年又一年《いちねんいちねんまたいちねん》、
百年三万六千日《ひゃくねんさんまんろくせんにち》、
人生《じんせい》わづ(ず)か五十年《ごじゅうねん》、
㋑稚《おさな》き時《とき》に怠《おこ》たらば
老《お》いて悔《く》ゆるも
甲斐《かい》なかるべし。

【意味《いみ》の文《ぶん》】
一年一年《いちねんいちねん》を積《つ》み重《かさ》ねると、
百年《ひゃくねん》ではおよそ三万六千日《さんまんろくせんにち》となるが、
人生《じんせい》はわずか五十年程度《ごじゅうねんていど》である。
おさないときに努力《どりょく》を怠《おこた》り、
年《とし》を取《と》ってから後悔《こうかい》しても
しかたがない。

（令和二年度版　光村図書　国語　六　創造　福澤《ふくざわ》諭吉《ゆきち》「天地の文」による）

(1) ㋐一年一年又一年《いちねんいちねんまたいちねん》とは、どういう意味《いみ》ですか。○をつけましょう。

（　）一年一年《いちねんいちねん》努力《どりょく》をする。

（　）一年一年《いちねんいちねん》を積《つ》み重《かさ》ねる。

(2) ㋑稚《おさな》き時《とき》に怠《おこ》たらばとは、どういう意味《いみ》ですか。

□□□□ときに □□を怠《おこた》り

(3) 意味《いみ》の文《ぶん》を読《よ》んで、答《こた》えましょう。

① 百年《ひゃくねん》ではおよそ何日《なんにち》ですか。

□□□□日《にち》。

② 人生《じんせい》はどれぐらいだと書《か》かれていますか。

わずか □□年《ねん》 程度《ていど》である。

季節《きせつ》の言葉《ことば》

夏《なつ》のさかり (1)

名前

「夏《なつ》」といっても、時期《じき》によって、見《み》られる風景《ふうけい》はさまざまです。

「夏《なつ》」には、順《じゅん》に、立夏（五月六日《ごがつむいか》ごろ）・小満（五月二十一日《ごがつにじゅういちにち》ごろ）・芒種（六月六日《ろくがつむいか》ごろ）・夏至（六月二十一日《ろくがつにじゅういちにち》ごろ）・小暑（七月七日《しちがつなのか》ごろ）・大暑（七月二十三日《しちがつにじゅうさんにち》ごろ）の六《むっ》つの言葉《ことば》があります。

(1) 次《つぎ》の言葉《ことば》の読《よ》み方《かた》を□から選《えら》んで書《か》きましょう。

① 立夏 □

② 小満 □

③ 芒種 □

④ 夏至 □

⑤ 小暑 □

⑥ 大暑 □

・たいしょ　・りっか　・しょうまん
・ぼうしゅ　・げし　・しょうしょ

(2) 次《つぎ》の㋐〜㋕の言葉《ことば》を、季節《きせつ》が来《く》る順番《じゅんばん》にならべかえて□に記号《きごう》で書《か》きましょう。

㋐ 小暑　㋑ 芒種　㋒ 夏至
㋓ 大暑　㋔ 小満　㋕ 立夏

㋕ → □ → □ → □ → ㋐ → □

季節《きせつ》の言葉《ことば》
夏《なつ》のさかり (2)

名前

(1) 次《つぎ》の言葉《ことば》の意味《いみ》にあてはまる説明《せつめい》を下《した》から選《えら》び、——線《せん》で結《むす》びましょう。

① 【りっか】**立夏**（五月六日《ごがつむいか》ごろ） ・ ・

② 【しょうまん】**小満**（五月二十一日《ごがつにじゅういちにち》ごろ） ・ ・

③ 【ぼうしゅ】**芒種**（六月六日《ろくがつむいか》ごろ） ・ ・

立夏《りっか》から十五日目《じゅうごにちめ》に当《あ》たります。陽気《ようき》がさかんとなり、草木《くさき》が育《そだ》ち、満《み》ちてくるという意味《いみ》の言葉《ことば》です。

「芒《のぎ》」とは、いねや麦《むぎ》などの実《み》のからにある、はりの形《かたち》をした毛《け》のことです。芒《のぎ》のある穀物《こくもつ》の種《たね》をまくころです。

こよみのうえで、夏《なつ》が始《はじ》まるとされる日《ひ》です。新緑《しんりょく》や若葉《わかば》に、夏《なつ》の気配《けはい》が感《かん》じられるようになります。

(2) 次《つぎ》の言葉《ことば》の意味《いみ》にあてはまる説明《せつめい》を下《した》から選《えら》び、——線《せん》で結《むす》びましょう。

① 【げし】**夏至**（六月二十一日《ろくがつにじゅういちにち》ごろ） ・ ・

② 【しょうしょ】**小暑**（七月七日《しちがつなのか》ごろ） ・ ・

③ 【たいしょ】**大暑**（七月二十三日《しちがつにじゅうさんにち》ごろ） ・ ・

晴《は》れた日《ひ》が続《つづ》き、一年《いちねん》のうちでいちばん暑《あつ》さがきびしいころです。

つゆが終《お》わりに近《ちか》づくころです。この日《ひ》から「暑中《しょちゅう》（夏《なつ》の暑《あつ》さがさかんな時期《じき》）」に入《はい》り、暑《あつ》さが増《ま》してくるころです。

一年《いちねん》のうちで、昼《ひる》が最《もっと》も長《なが》く、夜《よる》が最《もっと》も短《みじか》い日《ひ》です。昔《むかし》のこよみでは、夏《なつ》の真《ま》ん中《なか》とされました。

森《もり》へ (1)

名前

● 次《つぎ》の文章《ぶんしょう》を二回《にかい》読《よ》んで、答《こた》えましょう。

1

辺《あた》りをゆっくりと見《み》わたし、
小《ちい》さな音《おと》にも耳《みみ》をそばだてて
歩《ある》いていると、だんだん
不思議《ふしぎ》な気持《きも》ちに
なってきました。
いつのまにか、
㋐まるで、
自分《じぶん》がクマの目《め》に
なって、この森《もり》を
ながめているみたいなのです。

※そばだてる…聞《き》こうとして注意《ちゅうい》を集中《しゅうちゅう》する。

2

心《こころ》が静《しず》まるにつれ、森《もり》は、
少《すこ》しずつぼくにやさしく
なってくるようでした。
「もしクマが反対《はんたい》からやって
来《き》たら、そっと道《みち》をゆずって
やればいいのだ。」
そんなことも
考《かんが》え始《はじ》めていました。

（令和二年度版　光村図書　国語　六　創造　星野《ほしの》　道夫《みちお》）

1

(1) 耳《みみ》をそばだてて歩《ある》いていると、だんだんどんな気《き》持《も》ちになってきましたか。

［　　　］な気《き》持《も》ち。

(2) ㋐まるで、自分《じぶん》が何《なに》になって、この森《もり》をながめているみたいなのですか。

［　　　　］

2

(1) 森《もり》は、少《すこ》しずつぼくにどうなってくるようでしたか。

［　　　　］なってくるようでした。

(2) もしクマが反対《はんたい》からやって来《き》たら、どうしたらよいと考《かんが》え始《はじ》めていましたか。○をつけましょう。

(　)そっと道《みち》をゆずってやればいい。
(　)そっと道《みち》を進《すす》んでいけばいい。

森《もり》へ (2)

● 次《つぎ》の文章《ぶんしょう》を二回《にかい》読《よ》んで、答《こた》えましょう。

名前

1

ふと気《き》がつくと、
道《みち》の真《ま》ん中《なか》に、
大《おお》きな黒《くろ》いかたまりが
落《お》ちていました。
なんだろうと思《おも》って近《ちか》づくと、
それは、クマの古《ふる》いふんでした。

2

おどろいたことに、
そのふんの中《なか》から、
白《しろ》いキノコが
たくさんのびています。

あんまりきれいなので、ぼくは
地面《じめん》に体《からだ》をふせ、クマのふんに
ぐっと顔《かお》を近《ちか》づけてみました。
いつか㋐北極圏《ほっきょくけん》のツンドラで見《み》た、
古《ふる》い動物《どうぶつ》の骨《ほね》の周《まわ》りにさく
花々《はなばな》を思《おも》い出《だ》しました。
厳《きび》しい自然《しぜん》では、
わずかな栄養分《えいようぶん》も
むだにはならないのです。

（令和二年度版　光村図書　国語　六　創造　星野《ほしの》　道夫《みちお》）

1

(1) 道《みち》の真《ま》ん中《なか》にどんなかたまりが落《お》ちていましたか。

［　　　　　］かたまり。

(2) 落《お》ちていたかたまりは、何《なん》ですか。

［　　　　　］

2

(1) ふんの中《なか》から、何《なに》がのびていますか。

［　　　　　］

(2) ㋐北極圏《ほっきょくけん》のツンドラで見《み》た、何《なに》を思《おも》い出《だ》しましたか。

［　　　　］の［　］の周《まわ》りにさく花々《はなばな》。

森《もり》へ (3)

名前

● 次《つぎ》の文章《ぶんしょう》を二回読《にかいよ》んで、答《こた》えましょう。

1

㋐クマの道《みち》は、しだいに分《わ》かれ道《みち》が多《おお》くなり、いつのまにか、森《もり》の中《なか》に消《き》えてゆくようでした。ときどきは、高《たか》いやぶをかき分《わ》けて進《すす》まなくてはなりません。㋑そんなとき、倒木《とうぼく》は、森《もり》にかかる橋《はし》のように歩《ある》きやすい道《みち》となりました。

※倒木《とうぼく》…たおれた木《き》。

2

倒木《とうぼく》の道《みち》には、ところどころに、アカリスがトウヒの実《み》を食《た》べた から が積《つ》まれています。動物《どうぶつ》たちも、この㋒自然《しぜん》の道《みち》を利用《りよう》しているのです。

今度《こんど》は、森《もり》のリスになったような気分《きぶん》で、㋓倒木《とうぼく》の上《うえ》を歩《ある》きました。

（令和二年度版　光村図書　国語　六　創造　星野《ほしの》　道夫《みちお》）

1

(1) ㋐クマの道《みち》は、どうなってゆくようでしたか。

しだいに □□□□ が多《おお》くなり、いつのまにか、森《もり》の中《なか》に □□□ ゆくようでした。

(2) ㋑そんなときとは、どんなときですか。○をつけましょう。

（　）森《もり》の中《なか》の分《わ》かれ道《みち》にきたとき。

（　）高《たか》いやぶをかき分《わ》けて進《すす》まなくてはならないとき。

2

(1) この㋒自然《しぜん》の道《みち》には、何《なに》が積《つ》まれていますか。

□□□□ が □□□の□ を食《た》べた からが積《つ》まれています。

(2) ㋓倒木《とうぼく》の上《うえ》を歩《ある》きました。今度《こんど》は、何《なに》になったような気分《きぶん》で、倒木《とうぼく》の上《うえ》を歩《ある》きましたか。

□□□□。

森《もり》へ (4)

名前

● 次《つぎ》の文章《ぶんしょう》を二回《にかい》読《よ》んで、答《こた》えましょう。

1

水《みず》の音《おと》が聞《き》こえてきました。
しばらくすると、㋐視界《しかい》が開《ひら》け、
森《もり》の中《なか》を流《なが》れる川《かわ》に出《で》ました。
㋑岸《きし》に立《た》つと、水《みず》の流《なが》れは、
川底《かわぞこ》の岩《いわ》の色《いろ》なのか、
黒《くろ》くしずんで
見《み》えました。

2

水《みず》を飲《の》もうと水面《すいめん》に
顔《かお》を近《ちか》づけ、
㋒びっくりしてしまいました。
川底《かわぞこ》の色《いろ》だと思《おも》ったのは、
産卵《さんらん》のために川《かわ》を上《のぼ》る
サケの大群《たいぐん》だったのです。

（令和二年度版　光村図書　国語　六　創造　星野《ほしの》　道夫《みちお》）

1

(1) ㋐視界《しかい》が開《ひら》けとは、どんな様子《ようす》ですか。○をつけましょう。

（　）広々《ひろびろ》とした景色《けしき》が広《ひろ》がる。

（　）目《め》の前《まえ》がまぶしくなる。

(2) ㋑岸《きし》に立《た》つと、水《みず》の流《なが》れは、どのように見《み》えましたか。

水《みず》の流《なが》れは、
［　　　　］の色《いろ》
なのか、
［　　］しずんで見《み》えました。

2

(1) 何《なに》に、㋒びっくりしてしまいましたか。

川底《かわぞこ》の色《いろ》だと思《おも》ったのは、
［　　］のために川《かわ》を上《のぼ》る
［　　　　　］
だったから。

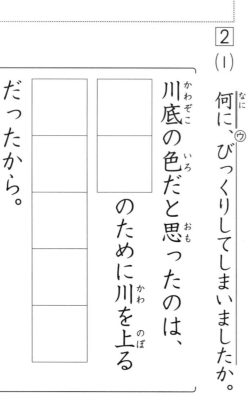

森《もり》へ ⑸

● 次《つぎ》の文章《ぶんしょう》を二回読《にかいよ》んで、答《こた》えましょう。

名前

ぼくは、はだしになって
川《かわ》に入《はい》りました。
静《しず》かに手《て》を水《みず》の中《なか》に入《い》れ、
やっと一《いっ》ぴきのサケを
つかむと、ああ、
なんと強《つよ》い力《ちから》を
もっているのでしょう。
ばねのように身《み》を大《おお》きく
曲《ま》げながら、はじけるように、
ぼくの㋐手《て》から飛《と》びぬけて
ゆくのです。
もうおもしろくて
たまりません。
ぼくは、ずぶぬれに
なりながら、
何度《なんど》も
同《おな》じことを
くり返《かえ》しました。

（令和二年度版　光村図書　国語　六　創造　星野《ほしの》　道夫《みちお》）

⑴ ぼくがつかんだサケは、どのように ぼくの㋐手《て》から飛《と》びぬけてゆくのですか。

［　　］のように身《み》を
［　　　］曲《ま》げながら、
［　　　　］ように、
手《て》から飛《と》びぬけてゆくのです。

⑵ ぼくがしたことを順《じゅん》に書《か》きましょう。

① ［　　　］になって
［　］に入《はい》りました。

② 静《しず》かに手《て》を
［　　　］に入《い》れ、やっと一《いっ》ぴきの
［　　］をつかむ。

③ ぼくは、ずぶぬれに
なりながら、
［　　］も
［　　　　］を
くり返《かえ》しました。

森《もり》へ (6)

● 次《つぎ》の文章《ぶんしょう》を二回《にかい》読《よ》んで、答《こた》えましょう。

名前

1

ふっと前《まえ》を見《み》ると、
㋐対岸《たいがん》の岩《いわ》の上《うえ》から、
クロクマの親子《おやこ》が、
じっとぼくを
見《み》ているではないですか。
ぼくは、あわてて
岸《きし》をかけ上《あ》がりました。
すると、㋑なんてことでしょう。
川《かわ》の上流《じょうりゅう》にも下流《かりゅう》にも、
いつのまにか、
クマがあちこちにいるのです。

2

今《いま》、この森《もり》の川《かわ》は、サケを
食《た》べに来《く》るクマの世界《せかい》でした。
㋒見上《みあ》げれば、子《こ》グマが木《き》の上《うえ》で
ねています。どうして今《いま》まで
気《き》がつかなかったのだろう。

（令和二年度版　光村図書　国語　六　創造　星野《ほしの》　道夫《みちお》）

1

(1) ㋐対岸《たいがん》の岩《いわ》の上《うえ》から、じっとぼくを見《み》ているのは何《なん》ですか。

(2) ㋑なんてことでしょうとありますが、どんな様子《ようす》になっているのですか。

[ ]の上流《じょうりゅう》にも下流《かりゅう》にも、
いつのまにか、[ ][ ]が
[ ][ ][ ][ ]に
いるのです。

2

(1) 今《いま》、この森《もり》の川《かわ》は、どんなクマの世界《せかい》でしたか。

[ ][ ]を食《た》べに来《く》る
クマの世界《せかい》。

(2) ㋒見上《みあ》げれば、子《こ》グマがどこでどうしていますか。

森《もり》へ (7)

名前

● 次《つぎ》の文章《ぶんしょう》を二回《にかい》読《よ》んで、答《こた》えましょう。

すでに一生《いっしょう》を終《お》えたサケ㋐が、
たくさん流《なが》れてきています。

「サケが森《もり》を作《つく》る。」

アラスカの森《もり》に生《い》きる人《ひと》たちの
㋑古《ふる》いことわざです。

産卵《さんらん》を終《お》えて死《し》んだ
無数《むすう》のサケが、
上流《じょうりゅう》から下流《かりゅう》へと
流《なが》されながら、
㋒森《もり》の自然《しぜん》に
栄養《えいよう》をあたえてゆくから
なのです。

（令和二年度版　光村図書　国語　六　創造　星野《ほしの》　道夫《みちお》）

(1) ㋐どんなサケが、たくさん流《なが》れてきていますか。

すでに［　　　］を［　　　］サケ。

(2) アラスカの森《もり》に生《い》きる人《ひと》たちの㋑古《ふる》いことわざは何《なん》ですか。

「［　　　　　　］。」

(3) 何《なに》が、㋒森《もり》の自然《しぜん》に栄養《えいよう》をあたえてゆくのですか。

［　　］を終《お》えて無数《むすう》の［　　　］。

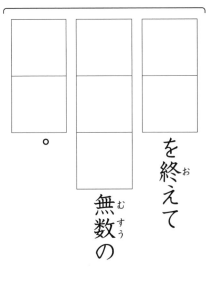

せんねん　まんねん　(1)

名前

● 次《つぎ》の詩《し》を二回《にかい》読《よ》んで、答《こた》えましょう。

せんねん　まんねん

まど・みちお

いつかのっぽのヤシの木《き》になるために
㋐そのヤシのみが地《じ》べたに落《お》ちる
その地《じ》ひびきでミミズがとびだす
そのミミズをヘビがのむ
そのヘビをワニがのむ
そのワニを川《かわ》がのむ
その川《かわ》の岸《きし》ののっぽのヤシの木《き》の中《なか》を
昇《のぼ》っていくのは
今《いま》まで土《つち》の中《なか》でうたっていた清水《しみず》
その清水《しみず》は昇《のぼ》って昇《のぼ》って昇《のぼ》りつめて
㋑ヤシのみの中《なか》で眠《ねむ》る

（令和二年度版　光村図書　国語　六　創造　まど・みちお）

(1) ㋐ヤシのみが地《じ》べたに落《お》ちるのは、何《なん》のためですか。一《ひと》つに○をつけましょう。

（　）いつかのっぽのヤシの木《き》の中《なか》で眠《ねむ》るため。

（　）いつかのっぽのヤシの木《き》になるため。

（　）いつか地《じ》ひびきでヤシの木《き》がとびだすため。

(2) 何《なに》を何《なに》がのむのですか。

① ミミズを［　　］がのむ

② ヘビを［　　］がのむ

③ ワニを［　］がのむ

(3) ㋑ヤシのみの中《なか》で眠《ねむ》るのは、何《なん》ですか。

今《いま》まで［　　　］で　うたっていた［　　］

せんねん　まんねん　(2)

名前

● 次《つぎ》の詩《し》を二回読《にかいよ》んで、答《こた》えましょう。

その眠《ねむ》りが夢《ゆめ》でいっぱいになると
いつかのっぽのヤシの木《き》になるために
そのヤシのみが地《じ》べたに落《お》ちる
その㋐地《じ》ひびきでミミズがとびだす
そのミミズをヘビがのむ
そのヘビをワニがのむ
そのワニを川《かわ》がのむ
その川《かわ》の岸《きし》に
まだ人《ひと》がやって来《こ》なかったころの
はるなつあきふゆ　はるなつあきふゆの
ながいみじかい　せんねんまんねん

（令和二年度版　光村図書　国語　六　創造　まど・みちお）

(1) ㋐地《じ》ひびきについて答《こた》えましょう。

① ㋐地《じ》ひびきがおきたのは、なぜですか。○をつけましょう。

（　）ヤシのみが地《じ》べたに落《お》ちたから。

（　）ミミズがヘビをのんだから。

② その㋐地《じ》ひびきで何《なに》がとびだしましたか。

(2) 「はるなつあきふゆ」の二回《にかい》のくり返《かえ》しから、どんなことを表《あらわ》していると思《おも》われますか。○をつけましょう。

（　）季節《きせつ》の順番《じゅんばん》がわかるようにすること。

（　）季節《きせつ》が何年《なんねん》もくり返《かえ》されること。

やまなし (1)

名前

● 次《つぎ》の文章《ぶんしょう》を二回《にかい》読《よ》んで、答《こた》えましょう。

1

かにの子《こ》どもらは
もうよほど大《おお》きくなり、
㋐底《そこ》の景色《けしき》も夏《なつ》から秋《あき》の間《あいだ》に
すっかり変《か》わりました。
白《しろ》いやわらかな丸石《まるいし》も
転《ころ》がってき、
小《ちい》さなきりの形《かたち》の
水晶《すいしょう》のつぶや
金雲母《きんうんも》のかけらも、
㋑流《なが》れてきて止《と》まりました。

2

その冷《つめ》たい水《みず》の底《そこ》まで、
ラムネのびんの月光《げっこう》が
いっぱいにすき通《とお》り、天井《てんじょう》では、
波《なみ》が青白《あおじろ》い火《ひ》を燃《も》やしたり
消《け》したりしているよう。
辺《あた》りはしんとして、
ただ、いかにも遠《とお》くからと
いうように、その波《なみ》の音《おと》が
ひびいてくるだけです。

（令和二年度版　光村図書　国語　六　創造　宮沢《みやざわ》　賢治《けんじ》）

1

(1) ㋐底《そこ》の景色《けしき》はいつの季節《きせつ》からいつの季節《きせつ》の間《あいだ》にすっかり変《か》わりましたか。

［　　］から［　　］の間《あいだ》。

(2) 何《なに》が、㋑流《なが》れてきて止《と》まりましたか。二《ふた》つに○をつけましょう。

（　）かにの子《こ》ども
（　）金雲母《きんうんも》のかけら
（　）ラムネのびん
（　）小《ちい》さなきりの形《かたち》の水晶《すいしょう》のつぶ

2

(1) 冷《つめ》たい水《みず》の底《そこ》まで、いっぱいにすき通《とお》っていたのは、何《なん》ですか。

［　　］の月光《げっこう》。

(2) 辺《あた》りはしんとして、何《なに》がひびいてくるだけですか。

［　　］

やまなし (2)

名前

● 次《つぎ》の文章《ぶんしょう》を二回《にかい》読《よ》んで、答《こた》えましょう。

1

かにの子《こ》どもらは、
あんまり月《つき》が明《あか》るく
水《みず》がきれいなので、
㋐ねむらないで外《そと》に出《で》て、
しばらくだまって
あわをはいて
天井《てんじょう》の方《ほう》を
見《み》ていました。

2

あ「やっぱり、ぼくのあわは
大《おお》きいね。」
い「兄《にい》さん、
わざと大《おお》きく
はいているんだい。
ぼくだって、
わざとならもっと大《おお》きく
はけるよ。」

（令和二年度版　光村図書　国語　六　創造　宮沢《みやざわ》　賢治《けんじ》）

1

(1) かにの子《こ》どもらが、㋐ねむらないで外《そと》に出《で》ていたのは、なぜですか。

あんまり［　　］が明《あか》るく［　　］がきれいだから。

(2) かにの子《こ》どもらは、何《なに》をはいて天井《てんじょう》の方《ほう》を見《み》ていましたか。

［　　］

2

(1) あいは、かにの子《こ》どもらの兄《あに》と弟《おとうと》のどちらが言《い》った言葉《ことば》ですか。

あ［　　］のかに。

い［　　］のかに。

(2) かにの子《こ》どもらは、何《なん》の大《おお》きさを比《くら》べていますか。

［　　］の大《おお》きさ。

やまなし (3)

名前

● 次《つぎ》の文章《ぶんしょう》を二回《にかい》読《よ》んで、答《こた》えましょう。

(あ)「はいてごらん。おや、たったそれきりだろう。いいかい、兄《にい》さんがはくから見《み》ておいで。そら、ね、大《おお》きいだろう。」

(　　)「大《おお》きかないや、おんなじだい。」

(　　)「㋐近《ちか》くだから、自分《じぶん》のが大《おお》きく見《み》えるんだよ。そんならいっしょにはいてみよう。いいかい、そら。」

(　　)「やっぱりぼくのほう、大《おお》きいよ。」

(　　)「本当《ほんとう》かい。じゃ、も一《ひと》つはくよ。」

(　　)「㋑だめだい、そんなにのび上《あ》がっては。」

（令和二年度版　光村図書　国語　六　創造　宮沢《みやざわ》　賢治《けんじ》）

(1) 上《うえ》は、かにの子《こ》どもらが会話《かいわ》をしている文章《ぶんしょう》です。兄《あに》の言葉《ことば》にはⓐ、弟《おとうと》の言葉《ことば》にはⓞを、上《うえ》の(　)に書《か》きましょう。

(2) ㋐近《ちか》くだから、どう見《み》えるんだよと言《い》っていますか。

［□□］のが［□□□］見《み》えるんだよ。

(3) ㋑だめだいとありますが、何《なに》がだめなのですか。○をつけましょう。

(　)いっしょにはくこと。

(　)のび上《あ》がってはくこと。

やまなし　(4)

名前

● 次《つぎ》の文章《ぶんしょう》を二回《にかい》読《よ》んで、答《こた》えましょう。

また、お父《とう》さんのかにが
出《で》てきました。
「もうねろねろ。おそいぞ。
あしたイサドへ
連《つ》れていかんぞ。」
「お父《とう》さん、ぼくたちのあわ、
どっち大《おお》きいの。」
「それは兄《にい》さんのほうだろう。」
(あ)「そうじゃないよ。ぼくのほう、
大《おお》きいんだよ。」
㋐弟《おとうと》のかには泣《な》きそうに
なりました。

※イサド…作者《さくしゃ》が想像《そうぞう》して作《つく》った町《まち》の名前《なまえ》。

（令和二年度版　光村図書　国語　六　創造　宮沢《みやざわ》　賢治《けんじ》）

(1) また、だれが出《で》てきましたか。

(2) あしたお父《とう》さんは子《こ》どものかにを、どこへ連《つ》れていきますか。

(3) お父《とう》さんは、どちらのあわが大《おお》きいと言《い》いましたか。○をつけましょう。

（　）兄《にい》さんのかに

（　）弟《おとうと》のかに

(4) (あ)は、だれが言《い》った言葉《ことば》ですか。

(5) ㋐弟《おとうと》のかには泣《な》きそうになりましたとありますが、なぜですか。○をつけましょう。

（　）イサドに連《つ》れていってもらえないから。

（　）兄《にい》さんのかにのあわのほうが、大《おお》きいと言《い》われたから。

やまなし (5)

名前

● 次《つぎ》の文章《ぶんしょう》を二回《にかい》読《よ》んで、答《こた》えましょう。

1

そのとき、㋐トブン。
㋑黒《くろ》い丸《まる》い大《おお》きなものが、
天井《てんじょう》から落《お》ちてずうっと
しずんで、また上《うえ》へ上《のぼ》って
いきました。きらきらっと
黄金《きん》のぶちが光《ひか》りました。
「かわせみだ。」
子《こ》どもらのかには、首《くび》を
すくめて言《い》いました。

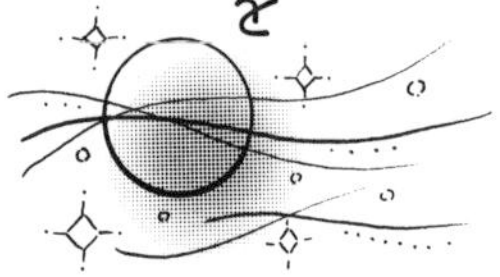

2

お父《とう》さんのかには、
遠眼鏡《とおめがね》のような両方《りょうほう》の目《め》を
あらんかぎりのばして、
よくよく見《み》てから言《い》いました。
「そうじゃない。
㋒あれはやまなしだ。
流《なが》れていくぞ。
ついていってみよう。
ああ、いいにおいだな。」

※遠眼鏡《とおめがね》…望遠鏡《ぼうえんきょう》のこと。
※あらんかぎり…あるだけ全部《ぜんぶ》。

（令和二年度版　光村図書　国語　六　創造　宮沢《みやざわ》　賢治《けんじ》）

1

(1) ㋐トブンとは、何《なに》が落《お》ちてくる様子《ようす》を表《あらわ》していますか。

［　　　　］大《おお》きなもの。

(2) ㋑黒《くろ》い丸《まる》い大《おお》きなものを、子《こ》どもらのかには何《なん》だと言《い》いましたか。

［　　　　］

2

(1) お父《とう》さんのかにの両方《りょうほう》の目《め》は何《なん》のようですか。

［　　　］

(2) お父《とう》さんのかには何《なに》を、㋒あれはやまなしだと言《い》いましたか。○をつけましょう。

（　）遠眼鏡《とおめがね》のような両方《りょうほう》の目《め》。
（　）黒《くろ》い丸《まる》い大《おお》きなもの。

やまなし (6)

名前

次《つぎ》の文章《ぶんしょう》を二回読《にかいよ》んで、答《こた》えましょう。

1

なるほど、そこらの月明《つきあ》かりの水《みず》の中《なか》は、やまなしのいいにおいでいっぱいでした。

三《さん》びきは、ぼかぼか流《なが》れていくやまなしの後《あと》を追《お》いました。

その横歩《よこある》きと、底《そこ》の黒《くろ》い㋐三《みっ》つのかげ法師《ぼうし》が、合《あ》わせて六《むっ》つ、おどるようにして、やまなしの㋑円《まる》いかげを追《お》いました。

2

まもなく、水《みず》はサラサラ鳴《な》り、天井《てんじょう》の波《なみ》はいよいよ青《あお》いほのおを上《あ》げ、やまなしは横《よこ》になって木《き》の枝《えだ》に引《ひ》っかかって止《と》まり、㋒その上《うえ》には、月光《げっこう》のにじがもかもか集《あつ》まりました。

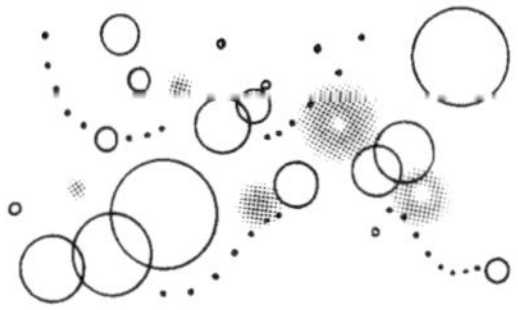

（令和二年度版　光村図書　国語　六　創造　宮沢《みやざわ》　賢治《けんじ》）

1

(1) 月明《つきあ》かりの水《みず》の中《なか》は、何《なに》でいっぱいでしたか。

［□□□□の□□□□□でいっぱいでした。］

(2) ㋐㋑は何《なん》のかげですか。線《せん》で結《むす》びましょう。

㋐三《みっ》つのかげ法師《ぼうし》　・　　・やまなし

㋑円《まる》いかげ　・　　・かにの親子《おやこ》

2

(1) やまなしは何《なに》に引《ひ》っかかって止《と》まりましたか。

□□□

(2) ㋒その上《うえ》には、何《なに》がもかもか集《あつ》まりましたか。

［□□の□□。］

やまなし (7)

名前

● 次《つぎ》の文章《ぶんしょう》を二回読《にかいよ》んで、答《こた》えましょう。

1

「どうだ、やっぱりやまなしだよ。
よく熟《じゅく》している。
いいにおいだろう。」
「おいしそうだね、お父《とう》さん。」
「待《ま》て待《ま》て。もう二日《ふつか》ばかり
待《ま》つとね、㋐こいつは下《した》へ
しずんでくる。
それから、㋑ひとりでに
おいしいお酒《さけ》ができるから。
さあ、もう帰《かえ》ってねよう。
おいで。」

2

親子《おやこ》のかには三《さん》びき、
自分《じぶん》らの穴《あな》に帰《かえ》っていきます。
波《なみ》は、いよいよ青白《あおじろ》い
ほのおをゆらゆらと上《あ》げました。
それはまた、
金剛石《こんごうせき》の粉《こな》を
はいているようでした。

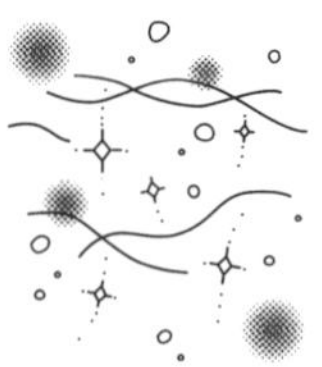

※金剛石《こんごうせき》…ダイヤモンドのこと。

（令和二年度版　光村図書　国語　六　創造　宮沢《みやざわ》　賢治《けんじ》）

1

(1) やまなしがいいにおいがするのは、なぜですか。

（　　　　）

(2) ㋐こいつとは、何《なん》のことですか。

□□□□

(3) お父《とう》さんのかには、やまなしは下《した》へしずんでくると、㋑ひとりでに何《なに》ができると、言《い》っていますか。

□□□□□□

2

(1) 親子《おやこ》のかには、どこへ帰《かえ》っていきますか。

［　□□　らの　□　。］

(2) 波《なみ》が青白《あおじろ》いほのおをゆらゆらと上《あ》げる様子《ようす》は、何《なに》をはいているようでしたか。○をつけましょう。

（　）金剛石《こんごうせき》の粉《こな》。
（　）親子《おやこ》のかにのあわ。

イーハトーヴの夢《ゆめ》（1）

名前

● 次《つぎ》の文章《ぶんしょう》を二回《にかい》読《よ》んで、答《こた》えましょう。

宮沢賢治《みやざわけんじ》は、
一八九六年《せんはっぴゃくきゅうじゅうろくねん》
（明治《めいじ》二十九年《にじゅうきゅうねん》）
八月二十七日《はちがつにじゅうななにち》、
岩手県《いわてけん》の花巻《はなまき》に生《う》まれた。
津波《つなみ》や洪水《こうずい》、地震《じしん》と、
次々《つぎつぎ》に災害《さいがい》にみまわれた
年《とし》だった。六月《ろくがつ》、三陸大津波《さんりくおおつなみ》。
七月《しちがつ》、大雨《おおあめ》による洪水《こうずい》。
八月《はちがつ》、陸羽大地震《りくうおおじしん》。
そして九月《くがつ》には、
またまた大雨《おおあめ》、洪水《こうずい》。
それによる伝染病《でんせんびょう》の流行《りゅうこう》。
次々《つぎつぎ》におそった災害《さいがい》のために、
岩手県内《いわてけんない》だけでも
五万人以上《ごまんにんいじょう》がなくなるという
大変《たいへん》な年《とし》だった。

（令和二年度版　光村図書　国語　六　創造　畑山《はたやま》　博《ひろし》）

(1) 宮沢賢治《みやざわけんじ》は、どこで生《う》まれましたか。

［　　　］の花巻《はなまき》。

(2) 賢治《けんじ》が生《う》まれた年《とし》について答《こた》えましょう。

① 何年《なんねん》に生《う》まれましたか。

② どんな年《とし》でしたか。

津波《つなみ》や洪水《こうずい》、地震《じしん》と、次々《つぎつぎ》に［　　］にみまわれた年《とし》。

③ 大雨《おおあめ》による洪水《こうずい》は、何月《なんがつ》におこりましたか。二《ふた》つに○をつけましょう。

（　）六月《ろくがつ》　（　）七月《しちがつ》
（　）八月《はちがつ》　（　）九月《くがつ》

④ 何《なに》が流行《りゅうこう》しましたか。

イーハトーヴの夢《ゆめ》 (2)

名前

● 次《つぎ》の文章《ぶんしょう》を二回《にかい》読《よ》んで、答《こた》えましょう。

1

家《いえ》の職業《しょくぎょう》は質店《しちてん》。
㋐裕福《ゆうふく》な暮《く》らしだった。
賢治《けんじ》はそこの長男《ちょうなん》。
後《のち》に四人《よにん》の兄弟《きょうだい》が生《う》まれる。

※質店《しちてん》…品物《しなもの》をあずかり、代《か》わりにお金《かね》を貸《か》す店《みせ》。
※長男《ちょうなん》…一番目《いちばんめ》に生《う》まれた男子《だんし》。

2

小学校六年生《しょうがっこうろくねんせい》のころの賢治《けんじ》は、
身長《しんちょう》が
百三十三《ひゃくさんじゅうさん》・九《きゅう》センチメートル。
体重二十九《たいじゅうにじゅうきゅう》キログラム。
丸顔《まるがお》で色白《いろじろ》。性格《せいかく》はおとなしく、
一人遊《ひとりあそ》びが好《す》きだった。
その一人遊《ひとりあそ》びは、石集《いしあつ》め。
石《いし》を観察《かんさつ》することが大好《だいす》きで、
よく近《ちか》くの野山《のやま》に出《で》かけては
集《あつ》めてきた。
そのため、みんなが
「石《いし》こ賢《けん》さん」とよんだ。

（令和二年度版　光村図書　国語　六　創造　畑山《はたやま》　博《ひろし》）

1

(1) ㋐裕福《ゆうふく》な暮《く》らしとは、どんな暮《く》らしですか。○をつけましょう。

（　）お金《かね》がなく、まずしい暮《く》らし。
（　）お金《かね》があって、豊《ゆた》かな暮《く》らし。

(2) 賢治《けんじ》は何人兄弟《なんにんきょうだい》の何番目《なんばんめ》ですか。

□人兄弟《にんきょうだい》の□番目《ばんめ》。

2

(1) 小学校六年生《しょうがっこうろくねんせい》のころの賢治《けんじ》について、あてはまるものに○をつけましょう。

（　）色白《いろじろ》で、性格《せいかく》は活発《かっぱつ》、友《とも》だちと遊《あそ》ぶのが好《す》きな子《こ》。
（　）丸顔《まるがお》で、性格《せいかく》はおとなしく、一人遊《ひとりあそ》びが好《す》きな子《こ》。

(2) 賢治《けんじ》の好《す》きな一人遊《ひとりあそ》びは何《なん》ですか。

□□□

(3) みんなが「石《いし》こ賢《けん》さん」とよんだのは、なぜですか。

石《いし》を□□することが大好《だいす》きで、よく近《ちか》くの□□に出《で》かけては集《あつ》めてきたから。

イーハトーヴの夢《ゆめ》 (3)

名前

● 次《つぎ》の文章《ぶんしょう》を二回《にかい》読《よ》んで、答《こた》えましょう。

1

賢治《けんじ》が中学《ちゅうがく》に入学《にゅうがく》した年《とし》も、自然災害《しぜんさいがい》のために農作物《のうさくぶつ》がとれず、農民《のうみん》たちは大変《たいへん》な苦《くる》しみを味《あじ》わった。その次《つぎ》の年《とし》も、また洪水《こうずい》。

2

「なんとかして農作物《のうさくぶつ》の被害《ひがい》を少《すく》なくし、人々《ひとびと》が安心《あんしん》して田畑《たはた》を耕《たがや》せるようにできないものか。」

賢治《けんじ》は必死《ひっし》で考《かんが》えた。

（令和二年度版　光村図書　国語　六　創造　畑山《はたやま》　博《ひろし》）

1

(1) 賢治《けんじ》が中学《ちゅうがく》に入学《にゅうがく》した年《とし》、農民《のうみん》たちが大変《たいへん》な苦《くる》しみを味《あじ》わったのは、なぜですか。

□□□□のために□□□がとれなかったから。

(2) その次《つぎ》の年《とし》も、どんな災害《さいがい》がありましたか。○をつけましょう。

（　）洪水《こうずい》　（　）地震《じしん》

2

(1) 賢治《けんじ》が必死《ひっし》で考《かんが》えたことは何《なん》ですか。

「なんとかして□□□の被害《ひがい》を□□□し、人々《ひとびと》が□□して田畑《たはた》を□□□ようにできないものか。」

イーハトーヴの夢《ゆめ》　(4)

名前

● 次《つぎ》の文章《ぶんしょう》を二回《にかい》読《よ》んで、答《こた》えましょう。

1

「そのために一生《いっしょう》を
ささげたい。それには㋐まず、
最新《さいしん》の農業技術《のうぎょうぎじゅつ》を学《まな》ぶことだ。」
そう思《おも》った賢治《けんじ》は、
盛岡高等農林学校《もりおかこうとうのうりんがっこう》に入学《にゅうがく》する。
成績《せいせき》は優秀《ゆうしゅう》。卒業《そつぎょう》のときに、
教授《きょうじゅ》から、研究室《けんきゅうしつ》に残《のこ》って
学者《がくしゃ》の道《みち》に進《すす》まないかと
さそわれる。
でも賢治《けんじ》は、㋑それを断《ことわ》る。

2

そして、ちょうど花巻《はなまき》に
できたばかりの
農学校《のうがっこう》の先生《せんせい》になる。
二十五《にじゅうご》さいの冬《ふゆ》だった。
「いねの心《こころ》が分《わ》かる
人間《にんげん》になれ。」
それが
生徒《せいと》たちへの口《くち》ぐせだった。

（令和二年度版　光村図書　国語　六　創造　畑山《はたやま》　博《ひろし》）

1

(1) 賢治《けんじ》は㋐まず、何《なに》を学《まな》ぶことにしましたか。

□□ の □□□□。

(2) ㋑それを断《ことわ》るとありますが、何《なに》を断《ことわ》りましたか。○をつけましょう。

（　）学者《がくしゃ》の道《みち》に進《すす》むこと。
（　）農学校《のうがっこう》の先生《せんせい》になること。

2

(1) 賢治《けんじ》は、二十五《にじゅうご》さいの冬《ふゆ》、何《なに》になりましたか。

(2) 賢治《けんじ》の生徒《せいと》たちへの口《くち》ぐせは何《なん》でしたか。

「□人間《にんげん》になれ。」

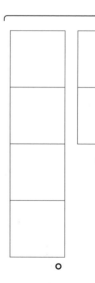

イーハトーヴの夢《ゆめ》 (5)

名前

● 次《つぎ》の文章《ぶんしょう》を二回《にかい》読《よ》んで、答《こた》えましょう。

1

また、こんな言葉《ことば》を覚《おぼ》えている教《おし》え子《ご》もいる。

「農学校《のうがっこう》の『農《のう》』という字《じ》を、じっと見《み》つめてみてください。『農《のう》』の字《じ》の上半分《うえはんぶん》の『曲《きょく》』は、大工《だいく》さんの使《つか》う曲尺《かねじゃく》のことです。そして下《した》の『辰《しん》』は、時《とき》という意味《いみ》です。年《とし》とか季節《きせつ》という意味《いみ》もあります。」

2

㋐曲尺《かねじゃく》というのは、直角《ちょっかく》に曲《ま》がったものさしのことだ。

それを使《つか》うと、一度《いちど》に二《ふた》つの方向《ほうこう》の寸法《すんぽう》が測《はか》れる。

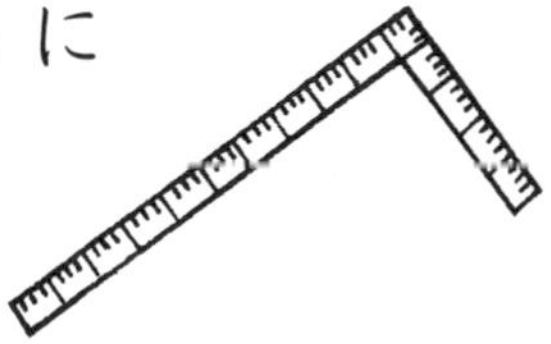

だから賢治《けんじ》の言葉《ことば》は、

「㋑その年《とし》の気候《きこう》の特徴《とくちょう》を、いろんな角度《かくど》から見《み》て、しっかりつかむことが大切《たいせつ》です。」

という意味《いみ》になる。

（令和二年度版　光村図書　国語　六　創造　畑山《はたやま》　博《ひろし》）

1

(1) 賢治《けんじ》は、『農《のう》』の字《じ》の上半分《うえはんぶん》の『曲《きょく》』は、何《なん》のことだと言《い》いましたか。

大工《だいく》さんの使《つか》う［　　　　］のこと。

(2) 賢治《けんじ》は、『農《のう》』の字《じ》の下《した》の『辰《しん》』は、何《なん》という意味《いみ》だと言《い》いましたか。三《みっ》つに○をつけましょう。

（　）年《とし》　（　）季節《きせつ》

（　）時《とき》　（　）気候《きこう》

2

(1) ㋐曲尺《かねじゃく》というのは、どんなものさしのことですか。

［　　　　］ものさし。

(2) 賢治《けんじ》は、『農《のう》』という字《じ》から、㋑その年《とし》の気候《きこう》の特徴《とくちょう》をどのように見《み》て、しっかりつかむことが大切《たいせつ》だと伝《つた》えたかったのですか。○をつけましょう。

（　）いろんな角度《かくど》。

（　）一《ひと》つの方向《ほうこう》だけ。

イーハトーヴの夢《ゆめ》 (6)

名前

● 次《つぎ》の文章《ぶんしょう》を二回《にかい》読《よ》んで、答《こた》えましょう。

1

また賢治《けんじ》は、春《はる》、生徒《せいと》たちと
田植《たう》えをしたとき、
㋐田《た》んぼの真《ま》ん中《なか》に、ひまわりの
種《たね》を一《ひと》つぶ植《う》えたこともあった。
すると、真夏《まなつ》、
辺《あた》り一面《いちめん》ただ平凡《へいぼん》な
緑《みどり》の中《なか》に、それが
見事《みごと》に花《はな》を開《ひら》く。
(あ)「田《た》んぼが、詩《し》に書《か》かれた
田《た》んぼのように、
かがやいて見《み》えましたよ。」
と、昔《むかし》の教《おし》え子《ご》たちが言《い》う。

2

苦《くる》しい農作業《のうさぎょう》の中《なか》に、
楽《たの》しさを見《み》つける。
工夫《くふう》することに、
喜《よろこ》びを見《み》つける。
そうして、未来《みらい》に希望《きぼう》をもつ。
それが、㋑先生《せんせい》としての
賢治《けんじ》の理想《りそう》だった。

（令和二年度版　光村図書　国語　六　創造　畑山《はたやま》　博《ひろし》）

1

(1) 賢治《けんじ》は、㋐田《た》んぼの真《ま》ん中《なか》に、何《なん》の種《たね》を一《ひと》つぶ植《う》えたことがありましたか。

［　　　　］の種《たね》。

(2) (あ)のように、昔《むかし》の教《おし》え子《ご》たちが言《い》ったのはなぜですか。

辺《あた》り［　　］ただ平凡《へいぼん》な［　　　］に、それが［　　］に［　］を開《ひら》いたから。

2

(1) ㋑先生《せんせい》としての賢治《けんじ》の理想《りそう》は何《なん》でしたか。三《みっ》つ書《か》きましょう。

① 苦《くる》しい農作業《のうさぎょう》の中《なか》に、［　　　］を見《み》つける。

② 工夫《くふう》することに、［　　］を見《み》つける。

③ 未来《みらい》に［　　］をもつ。

イーハトーヴの夢《ゆめ》 (7)

名前

● 次《つぎ》の文章《ぶんしょう》を二回《にかい》読《よ》んで、答《こた》えましょう。

㋐暴《あば》れる自然《しぜん》に勝《か》つためには、
みんなで力《ちから》を合《あ》わせなければ
ならない。
㋑力《ちから》を合《あ》わせるには、
たがいにやさしい心《こころ》が
通《かよ》い合《あ》っていなければならない。
㋒そのやさしさを
人々《ひとびと》に育《そだ》ててもらうために、
賢治《けんじ》は、たくさんの詩《し》や童話《どうわ》を
書《か》いた。
「風《かぜ》の又三郎《またさぶろう》」
「グスコーブドリの伝記《でんき》」
「セロ弾《ひ》きのゴーシュ」、
そして「やまなし」。

（令和二年度版　光村図書　国語　六　創造　畑山《はたやま》　博《ひろし》）

(1) 賢治《けんじ》は、㋐暴《あば》れる自然《しぜん》に勝《か》つためには、どうしなければならないと考《かんが》えましたか。

(2) 賢治《けんじ》は、㋑力《ちから》を合《あ》わせるには、たがいに何《なに》が通《かよ》い合《あ》っていなければならないと考《かんが》えましたか。

(3) 賢治《けんじ》は、㋒やさしさを人々《ひとびと》に育《そだ》ててもらうために、どうしましたか。

たくさんの□や□を書《か》いた。

イーハトーヴの夢《ゆめ》 (8)

名前

● 次《つぎ》の文章《ぶんしょう》を二回《にかい》読《よ》んで、答《こた》えましょう。

1

賢治《けんじ》の書《か》いた物語《ものがたり》の舞台《ぶたい》は、イーハトーヴという一《ひと》つの同《おな》じ場所《ばしょ》であることが多《おお》い。

イーハトーヴというのは想像《そうぞう》で作《つく》った地名《ちめい》だけれど、「イーワテ」というのとよく似《に》ている。

2

「この岩手県《いわてけん》が、いつか、
こんな夢《ゆめ》のような
すてきな所《ところ》になったら
いいな。」

きっとそう思《おも》って、賢治《けんじ》はそんな名前《なまえ》をつけたのだろう。

だから、イーハトーヴは、実際《じっさい》の岩手県《いわてけん》と同《おな》じ大《おお》きさをしている。そうしてそこで、大昔《おおむかし》から今《いま》までの、さまざまな出来事《できごと》が起《お》こるのだ。

（令和二年度版　光村図書　国語　六　創造　畑山《はたやま》　博《ひろし》）

1

(1) 賢治《けんじ》の書《か》いた物語《ものがたり》の舞台《ぶたい》は、何《なん》という場所《ばしょ》であることが多《おお》いですか。

□□□□□□

(2) イーハトーヴについて、あてはまるものに○をつけましょう。

（　）実際《じっさい》にある地名《ちめい》である。

（　）想像《そうぞう》で作《つく》った地名《ちめい》である。

2

(1) イーハトーヴという名前《なまえ》には、賢治《けんじ》のどんな思《おも》いがこめられていると思《おも》われますか。

「この□□□が、いつか、こんな□のような□□□□所《ところ》になったらいいな。」

風《かぜ》切《き》るつばさ　(1)

名前

● 次《つぎ》のあらすじと文章《ぶんしょう》を二回《にかい》読《よ》んで、答《こた》えましょう。

若《わか》いアネハヅルの群《む》れが、キツネにおそわれた。一羽《いちわ》の仲間《なかま》の命《いのち》が失《うしな》われた。クルルは、体《からだ》の弱《よわ》いカララに、とったえさを分《わ》けてやっていた。キツネに気《き》づかれたのは、そのせいだと仲間《なかま》殺《ごろ》しの犯人《はんにん》のようにあつかわれるようになった。カララでさえ、だまってみんなの中《なか》に交《ま》じっていて、だれ一人《ひとり》、味方《みかた》はいない。みな、クルルの気持《きも》ちなど、分《わ》かろうとしないのだ。あのとき、言《い》い返《かえ》さなかった自分《じぶん》がくやしくなり、クルルはみんなと飛《と》ぶことがつらくなってきた。ある朝《あさ》、クルルは飛《と》べなくなっていた。

冬《ふゆ》が近《ちか》づいてくる。
冬《ふゆ》のモンゴルの草原《そうげん》は、
零下五十度《れいかごじゅうど》の寒《さむ》さにおそわれる。
その前《まえ》に、㋐アネハヅルの群《む》れは
ヒマラヤ山脈《さんみゃく》をこえて
インドにわたっていくのだ。
冬《ふゆ》を前《まえ》にして飛《と》べなくなった
ツルは、死《し》ぬしかない。
でもクルルには、㋑そんなこと、
どうでもよくなっていた。
えさを食《た》べず、ただじっと
うずくまっていることだけが、
おしつぶされそうな
最後《さいご》のプライドを保《たも》つ、
ゆいいつの方法《ほうほう》に思《おも》えた。

（令和二年度版　東京書籍　新しい国語　六　木村《きむら》　裕一《ゆういち》）

(1) ㋐アネハヅルの群《む》れは、どこをこえてインドにわたっていくのですか。

□□□□山脈《さんみゃく》。

(2) ㋑そんなこととは、何《なに》を指《さ》していますか。○をつけましょう。

（　）冬《ふゆ》を前《まえ》にして飛《と》べなくなったツルは、死《し》ぬしかないこと。

（　）ヒマラヤ山脈《さんみゃく》をこえてインドにわたっていくこと。

(3) おしつぶされそうな最後《さいご》のプライドを保《たも》つ、ゆいいつの方法《ほうほう》はどうすることですか。

□□を食《た》べず、ただ□□□うずくまっていること。

風《かぜ》切《き》るつばさ　(2)

名前

● 次《つぎ》の文章《ぶんしょう》を二回《にかい》読《よ》んで、答《こた》えましょう。

1

やがてツルの群《む》れが、
南《みなみ》に向《む》かって飛《と》んでいくのが
見《み》えた。
第二《だいに》、第三《だいさん》の群《む》れも
わたり始《はじ》める。

2

白《しろ》い雪《ゆき》がちらほらと
まい始《はじ》めたときだ。
クルルの目《め》に、
南《みなみ》の空《そら》からまいおりてくる
一羽《いちわ》の鳥《とり》が見《み》えた。カララだ。
カララは
何《なに》も言《い》わずに
クルルのとなりに
おり立《た》った。

（令和二年度版　東京書籍　新しい国語　六　木村《きむら》　裕一《ゆういち》）

1

(1) やがて何《なに》が南《みなみ》に向《む》かって飛《と》んでいくのが見《み》えましたか。

[　　　]の[　　　]。

(2) 第二《だいに》、第三《だいさん》の群《む》れも何《なに》を始《はじ》めるのですか。

[　　　]始《はじ》める。

2

(1) クルルの目《め》に、見《み》えたのは何《なん》ですか。

[　　　]からまいおりてくる[　　]の[　]。

(2) クルルのとなりにおり立《た》ったのは、だれですか。

[　　　]

風《かざ》切《き》るつばさ (3)

名前

● 次《つぎ》の文章《ぶんしょう》を二回《にかい》読《よ》んで、答《こた》えましょう。

クルルは、もしカラが
「さあ、いっしょに行《い》こう！」
と言《い》ったら、
たとえ飛《と》べたとしても
首《くび》を横《よこ》にふるつもりだった。
「おれなんかいらないだろう。」
とも言《い》うつもりだった。
でも、カラは何《なに》も
言《い》わなかった。
ただじっととなりにいて、
南《みなみ》にわたっていく群《む》れを
いっしょに見《み》つめていた。

※首《くび》を横《よこ》にふる…断《ことわ》る。

（令和二年度版　東京書籍　新しい国語　六　木村《きむら》　裕一《ゆういち》）

(1) クルルは、もしカラが「さあ、いっしょに行《い》こう！」と言《い》ったら、どうするつもりでしたか。二《ふた》つ答《こた》えましょう。

①
たとえ［　　　］と
しても［　］を［　］に
ふるつもりだった。

②
「［　　］なんか［　　　　］だろう。」とも
言《い》うつもりだった。

(2) カラは何《なに》も言《い》わずに、どうしていましたか。

ただじっと［　　　］
にいて、南《みなみ》にわたっていく
群《む》れを［　　　　］
に見《み》つめていた。

風《かざ》切《き》るつばさ (4)

名前

● 次《つぎ》の文章《ぶんしょう》を二回読《にかいよ》んで、答《こた》えましょう。

カララは何《なに》も言《い》わずに、南《みなみ》にわたっていく群《む》れをクルルといっしょに見《み》つめていた。

1

日《ひ》に日《ひ》に寒《さむ》さが増《ま》してくる。
（こいつ㋐覚悟《かくご》してるんだ。）
クルルの心《こころ》が少《すこ》しずつ
解《と》けていく気《き》がした。
（そうか、おれが飛《と》ばないと
こいつも……。）と思《おも》った、
そのとき！ いきなり
しげみからキツネが現《あらわ》れた。

2

するどい歯《は》が光《ひか》り、
カララに飛《と》びかかる。
「危《あぶ》ない！」
㋑その瞬間《しゅんかん》、
クルルはカララを
つき飛《と》ばすように羽《は》ばたいた。
カララはそれを合図《あいず》に
飛《と》び上《あ》がった。

（令和二年度版 東京書籍 新しい国語 六 木村《きむら》裕一《ゆういち》）

1

(1) ㋐覚悟《かくご》とは、ここではどんなことですか。○をつけましょう。

（　）カララは、クルルといっしょに飛《と》ばずにいること。

（　）カララは、クルルといっしょに飛《と》んでいくこと。

(2) いきなりしげみから現《あらわ》れたのはだれですか。

□□□

2

(1) キツネのするどい歯《は》が光《ひか》り、だれに飛《と》びかかりましたか。

□□□

(2) ㋑その瞬間《しゅんかん》、クルルは何《なに》をしましたか。

クルルは □□□ を □□□□□ ように □ ばたいた。

風《かぜ》切《き》るつばさ　(5)

名前

● 次《つぎ》の文章《ぶんしょう》を二回《にかい》読《よ》んで、答《こた》えましょう。

1

クルルとカララは、飛《と》び上《あ》がった。

「あっ……。」
気《き》がつくと、クルルの体《からだ》も
空《そら》にまい上《あ》がっていた。
目標《もくひょう》を失《うしな》ったキツネが、
くやしそうに空《そら》を
見上《みあ》げている。

2

「おれ、飛《と》んでる。」
クルルは思《おも》わずさけんだ。
力《ちから》いっぱい羽《は》ばたくと、
風《かぜ》の中《なか》を体《からだ》がぐんぐんと
のぼっていく。
㋐風《かぜ》を切《き》るつばさの音《おと》が、
ここちよいリズムで
体《からだ》いっぱいにひびきわたった。

（令和二年度版　東京書籍　新しい国語　六　木村《きむら》　裕一《ゆういち》）

1

(1) 気《き》がつくと、クルルの体《からだ》もどうなっていましたか。

(2) 目標《もくひょう》を失《うしな》ったのは、だれですか。

2

(1) クルルは何《なん》とさけびましたか。

「　　　　。」

(2) ㋐ここちよいリズムで体《からだ》いっぱいにひびきわたったのは、何《なん》ですか。

□を切《き》る□□□の音《おと》。

風《かぜ》切《き》るつばさ　(6)

名前

● 次《つぎ》の文章《ぶんしょう》を二回《にかい》読《よ》んで、答《こた》えましょう。

1

「わたれるぞ、これなら、あのそびえ立《た》った山《やま》をこえることができるぞ。」

カララがふり向《む》いて、

㋐「いっしょに行《い》ってくれるかい？」

と言《い》った。

㋑「もちろんさ。」

クルルも少《すこ》し照《て》れて笑《わら》ってみせた。

2

㋐二羽《にわ》のアネハヅルは、最後《さいご》の群《む》れを追《お》うように、南《みなみ》に向《む》かった。つばさを大《おお》きく羽《は》ばたかせ、どこまでもどこまでも……。

（令和二年度版　東京書籍　新しい国語　六　木村《きむら》裕一《ゆういち》）

1

(1) 何《なに》をこえることができますか。

あの［　　］山《やま》。

(2) ㋐㋑はだれが言《い》った言葉《ことば》ですか。

㋐［　　］

㋑［　　］

2

(1) ㋐二羽《にわ》のアネハヅルとは、だれとだれのことですか。

［　　　］と［　　　］。

(2) ㋐二羽《にわ》のアネハヅルは、何《なに》を追《お》うように、南《みなみ》に向《む》かいましたか。

［　　］の［　　］。

あの坂《さか》をのぼれば (1)

名前

● 次《つぎ》の文章《ぶんしょう》を二回《にかい》読《よ》んで、答《こた》えましょう。

——あの坂《さか》をのぼれば、海《うみ》が見《み》える。少年《しょうねん》は朝《あさ》から歩《ある》いていた。少年《しょうねん》は、どうしても海《うみ》を見《み》たいのだった。しかし、まだ海《うみ》は見《み》えなかった。もう、やめよう。少年《しょうねん》は、疲労《ひろう》がむねにつき上《あ》げてきた。

1

日《ひ》はしだいに高《たか》くなる。

これから帰《かえ》る道《みち》のりの長《なが》さを思《おも》って、㋐重《おも》いため息《いき》をついた時《とき》、少年《しょうねん》はふと、生《い》き物《もの》の声《こえ》を耳《みみ》にしたと思《おも》った。

2

声《こえ》は、上《うえ》から来《く》る。

ふりあおぐと、すぐ頭上《ずじょう》を、光《ひかり》が走《はし》った。㋑つばさの長《なが》い、真《ま》っ白《しろ》い大《おお》きな鳥《とり》が一羽《いちわ》、ゆっくりと羽《は》ばたいて、先導《せんどう》するように次《つぎ》のとうげをこえてゆく。

——あれは、海鳥《うみどり》だ！

少年《しょうねん》はとっさに立《た》ち上《あ》がった。

（令和二年度版　教育出版　ひろがる言葉　小学国語　六上　杉《すぎ》　みき子《こ》）

1 少年《しょうねん》が㋐重《おも》いため息《いき》をついた時《とき》、何《なに》を耳《みみ》にしたと思《おも》ったのですか。

［　　　］の声《こえ》。

2 ㋑つばさの長《なが》い、真《ま》っ白《しろ》い大《おお》きな鳥《とり》について答《こた》えましょう。

① どのように飛《と》んでいましたか。

［　　　　］と羽《は》ばたいて、［　　］するように次《つぎ》の［　　　］をこえてゆく。

② この大《おお》きな鳥《とり》は何《なん》だと、少年《しょうねん》は思《おも》いましたか。

［　　］

あの坂《さか》をのぼれば　(2)

名前

● 次《つぎ》の文章《ぶんしょう》を二回《にかい》読《よ》んで、答《こた》えましょう。

1

海鳥《うみどり》がいる。
㋐海《うみ》が近《ちか》いのにちがいない。
そういえば、あの坂《さか》の上《うえ》の
空《そら》の色《いろ》は、確《たし》かに海《うみ》へと続《つづ》く
あさぎ色《いろ》だ。
今度《こんど》こそ、海《うみ》に着《つ》けるのか。

2

それでも、ややためらって、
行《ゆ》く手《て》を見《み》はるかす
少年《しょうねん》の目《め》の前《まえ》を、
ちょうのようにひらひらと、
㋑白《しろ》い物《もの》がまい落《お》ちる。
てのひらをすぼめて受《う》け止《と》める
と、それは、雪《ゆき》のような
ひとひらの羽毛《うもう》だった。
——あの鳥《とり》の、おくり物《もの》だ。
㋒ただ一《いっ》ぺんの羽根《はね》だけれど、
それはたちまち少年《しょうねん》の心《こころ》に、
白《しろ》い大《おお》きなつばさとなって
羽《は》ばたいた。

※見《み》はるかす…遠《とお》くまで見《み》わたす。

（令和二年度版　教育出版　ひろがる言葉　小学国語　六上　杉《すぎ》　みき子《こ》）

1

(1) ㋐海《うみ》が近《ちか》いのにちがいないと思《おも》ったのはなぜですか。

［　　　］がいるから。

(2) あの坂《さか》の上《うえ》の空《そら》は何色《なにいろ》ですか。

［　］［　］［　］色

2

(1) どこを、㋑白《しろ》い物《もの》がまい落《お》ちるのですか。

［　］［　］の［　］の前《まえ》。

(2) てのひらをすぼめて受《う》け止《と》めたものは、何《なん》でしたか。

［　］のような
ひとひらの［　］［　］。

(3) ㋒ただ一《いっ》ぺんの羽根《はね》は、少年《しょうねん》の心《こころ》に何《なに》となって羽《は》ばたきましたか。

白《しろ》い［　］［　］［　］［　］［　］［　］。

あの坂《さか》をのぼれば　(3)

名前

● 次《つぎ》の文章《ぶんしょう》を二回《にかい》読《よ》んで、答《こた》えましょう。

1

——あの坂《さか》をのぼれば、
海《うみ》が見《み》える。
少年《しょうねん》はもう一度《いちど》、
力《ちから》をこめてつぶやく。
㋐しかし、そうでなくとも
よかった。今《いま》はたとえ、
この後《あと》三《みっ》つの坂《さか》、四《よっ》つの坂《さか》を
こえることになろうとも、
必《かなら》ず海《うみ》に行《い》き着《つ》くことができる、
行《い》き着《つ》いてみせる。

2

白《しろ》い小《ちい》さな羽根《はね》をてのひらに
しっかりとくるんで、
ゆっくりと坂《さか》をのぼってゆく
少年《しょうねん》の耳《みみ》に——
あるいは心《こころ》のおくにか——
㋑かすかなしおざいのひびきが
聞《き》こえ始《はじ》めていた。

※しおざい…しおが満《み》ちてくるときの波《なみ》の音《おと》。しおさいともいう。

（令和二年度版　教育出版　ひろがる言葉　小学国語　六上　杉《すぎ》　みき子《こ》）

1

(1) 少年《しょうねん》はもう一度《いちど》、力《ちから》をこめて何《なん》とつぶやきましたか。

［　　　　　　］

(2) ㋐しかし、そうでなくともよかったとは、どういうことですか。○をつけましょう。

（　）あの坂《さか》をのぼっても、海《うみ》が見《み》えなくてもよかった。

（　）三《みっ》つの坂《さか》をこえられてよかった。

2

(1) 少年《しょうねん》は、てのひらに何《なに》をしっかりとくるんでいますか。

白《しろ》い［　　　　　］。

(2) どこに、㋑かすかなしおざいのひびきが聞《き》こえ始《はじ》めていましたか。

［　　］の［　］に——
あるいは［　］のおくにか——
かすかなしおざいの
ひびきが聞《き》こえ始《はじ》めていた。

いのち (1)

名前

● 次《つぎ》の詩《し》を二回《にかい》読《よ》んで、答《こた》えましょう。

いのち

小海《こかい》　永二《えいじ》

花《はな》です
虫《むし》です
㋐からだです
鳥《とり》です
草《くさ》です
㋑こころです

それらはみんないのちです

いのちは
どれも
ひとつです
㋒いのちのふるさと
地球《ちきゅう》もひとつ

（令和二年度版　東京書籍　新しい国語　六　小海《こかい》　永二《えいじ》）

(1) ㋐からだですとありますが、何《なに》を例《れい》にあげていますか。二《ふた》つ書《か》きましょう。

・□　・□

(2) ㋑こころですとありますが、何《なに》を例《れい》にあげていますか。二《ふた》つ書《か》きましょう。

・□　・□

(3) 「いのちは　どれも　ひとつです」とは、どういう意味《いみ》ですか。あてはまるものに○をつけましょう。

（　）花《はな》や虫《むし》や鳥《とり》や草《くさ》には、それぞれひとつずついのちがある。

（　）花《はな》や草《くさ》には、どれもいのちはない。

(4) ㋒いのちのふるさとは何《なん》だといっていますか。

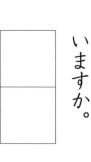

いのち (2)

● 次《つぎ》の詩《し》を二回《にかい》読《よ》んで、答《こた》えましょう。

名前

風《かぜ》が吹《ふ》き
雲《くも》の流《なが》れる地球《ちきゅう》のうえに
㋐要《い》らないものなどありません
㋑互《たが》いに支《ささ》えているんです
見《み》えない手《て》を出《だ》し　声《こえ》を出《だ》し
互《たが》いに支《ささ》えているんです

どれもひとつで
どれにもひとつ
全部《ぜんぶ》が大事《だいじ》ないのちです

（令和二年度版　東京書籍　新しい国語　六　小海《こかい》　永二《えいじ》）

(1) どこに、㋐要《い》らないものなどありませんといっていますか。

［　　］のうえ

(2) どんなふうに、㋑互《たが》いに支《ささ》えているんですといっていますか。

見《み》えない［　］を出《だ》し
［　］を出《だ》し
互《たが》いに支《ささ》えているんです

(3) 「どれもひとつで　どれにもひとつ」なのは、何《なん》だといっていますか。

全部《ぜんぶ》が［　　］な［　　　］です

いま始《はじ》まる新《あたら》しいいま (1)

名前

● 次《つぎ》の詩《し》を二回《にかい》読《よ》んで、答《こた》えましょう。

いま始《はじ》まる新《あたら》しいいま

川崎《かわさき》 洋《ひろし》

心臓《しんぞう》から送《おく》り出《だ》された㋐新鮮《しんせん》な血液《けつえき》は
十数秒《じゅうすうびょう》で全身《ぜんしん》をめぐる
わたしはさっきのわたしではない
そしてあなたも
㋑わたしたちはいつも新《あたら》しい

㋒さなぎからかえったばかりの蝶《ちょう》が
生《う》まれたばかりの陽炎《かげろう》の中《なか》で揺《ゆ》れる
㋓あの花《はな》は
きのうはまだ蕾《つぼみ》だった
海《うみ》を渡《わた》ってきた新《あたら》しい風《かぜ》がほら
㋔踊《おど》りながら走《はし》ってくる
自然《しぜん》はいつも新《あたら》しい

※めぐる…回《まわ》って、またもとにもどる。
※陽炎《かげろう》…太陽《たいよう》の光《ひかり》で熱《あつ》くなった地面《じめん》などから立《た》ちのぼる空気《くうき》が、ゆらゆらと見《み》えること。

(令和二年度版　東京書籍　新しい国語　六　川崎《かわさき》　洋《ひろし》)

(1) ㋐新鮮《しんせん》な血液《けつえき》は十数秒《じゅうすうびょう》でどうなりますか。

[　　] を [　　　]

(2) ㋑わたしたちは何《なん》だといっていますか。

[　　　　　　]

(3) ㋒さなぎからかえったばかりの蝶《ちょう》は、どこの中《なか》で揺《ゆ》れますか。

[　　] ばかりの [　　] の中《なか》

(4) ㋓あの花《はな》はきのうはまだ何《なん》でしたか。詩《し》の中《なか》の漢字一文字《かんじいちもじ》の言葉《ことば》をひらがな三文字《さんもじ》で書《か》きましょう。

[　　　]

(5) ㋔踊《おど》りながら走《はし》ってくるのは何《なん》ですか。

[　　　　]

いま始《はじ》まる新《あたら》しいいま　(2)

名前

● 次《つぎ》の詩《し》を二回《にかい》読《よ》んで、答《こた》えましょう。

きのう知《し》らなかったことを
きょう知《し》る喜《よろこ》び
㋐きのうは気《き》がつかなかったけど
きょう見《み》えてくるものがある
日々《ひび》新《あたら》しくなる世界《せかい》
古代史《こだいし》の一部《いちぶ》がまた㋑塗《ぬ》り替《か》えられる
過去《かこ》でさえ新《あたら》しくなる

㋒きょうも新《あたら》しいめぐり合《あ》いがあり
まっさらの愛《あい》が
次々《つぎつぎ》に生《う》まれ
いま初《はじ》めて歌《うた》われる歌《うた》がある
㋓いつも　いつも
新《あたら》しいいのちを生《い》きよう
いま始《はじ》まる新《あたら》しいいま

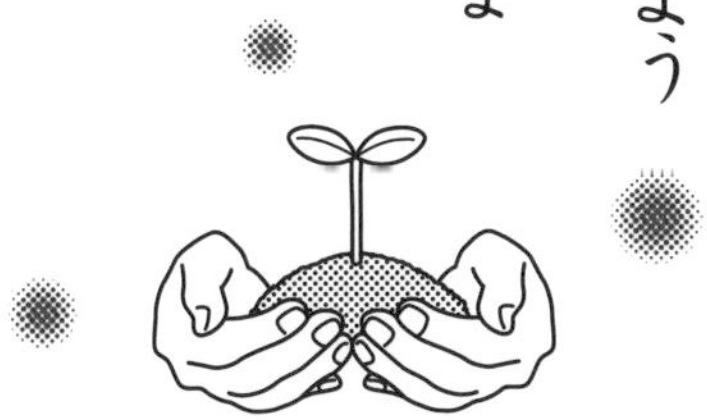

（令和二年度版　東京書籍　新しい国語　六　川崎《かわさき》　洋《ひろし》）

(1) ㋐きのうは気《き》がつかなかったけど　きょうどんなものがあるといっていますか。

□□□□□ ものがある

(2) 何《なに》が、㋑また塗《ぬ》り替《か》えられるのですか。

□□□ の一部《いちぶ》

(3) ㋒きょうも新《あたら》しいめぐり合《あ》いがあり、何《なに》が次々《つぎつぎ》に生《う》まれますか。

□□□□ の愛《あい》

(4) ㋓いつも　いつも　何《なに》を生《い》きようといっていますか。六文字《ろくもじ》で答《こた》えましょう。

□□□□□□

(5) この詩《し》の最後《さいご》に、題名《だいめい》と同《おな》じ言葉《ことば》が書《か》かれています。それは何《なん》ですか。

川《かわ》とノリオ　(1)

名前

● 次《つぎ》の文章《ぶんしょう》を二回《にかい》読《よ》んで、答《こた》えましょう。

また、八月《はちがつ》の六日《むいか》が来《く》る

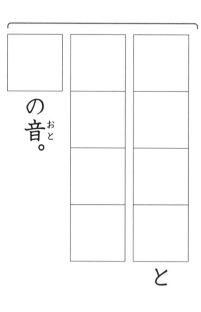

さらさらとすずしい
せの音《おと》をたてて、
今日《きょう》もまた川《かわ》は流《なが》れている。
川《かわ》の底《そこ》から拾《ひろ》った
びんのかけらを、
じいっと目《め》の上《うえ》に
当《あ》てていると、
㋐ノリオの世界《せかい》は
うす青《あお》かった。
ギラギラ照《て》りつける
㋑真夏《まなつ》の太陽《たいよう》も、
銀色《ぎんいろ》にキラキラ光《ひか》るだけ。

※せの音《おと》…浅《あさ》い川《かわ》の流《なが》れがたてる水《みず》の音《おと》。

（令和二年度版　教育出版　ひろがる言葉　小学国語　六上　いぬい　とみこ）

(1) 川《かわ》はどんな音《おと》をたてて、流《なが》れていますか。

□□□□□□□□と□の音《おと》。

(2) ノリオは、川《かわ》の底《そこ》から何《なに》を拾《ひろ》いましたか。

びんの□□□。

(3) ㋐ノリオの世界《せかい》は、どうでしたか。

うす□かった。

(4) ㋑真夏《まなつ》の太陽《たいよう》も、どのように光《ひか》るだけですか。

□□に□□□□光《ひか》るだけ。

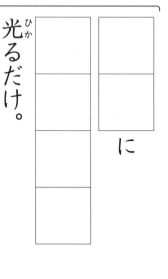

川《かわ》とノリオ (2)

名前

● 次《つぎ》の文章《ぶんしょう》を二回読《にかいよ》んで、答《こた》えましょう。

1

幾《いく》たびめかのあの日《ひ》が
めぐってきた。
㋐まぶしい川《かわ》のまん中《なか》で、
母《かあ》ちゃんを一日中《いちにちじゅう》、
待《ま》ってたあの日《ひ》。
そしてとうとう
母《かあ》ちゃんが、
もどってこなかった
㋑夏《なつ》のあの日《ひ》。

2

ドド……ンという
遠《とお》いひびきだけは、
ノリオも聞《き》いたあの日《ひ》の朝《あさ》、
母《かあ》ちゃんはヒロシマで
焼《や》け死《し》んだという。
ノリオたちが
なんにも知《し》らないまに。

（令和二年度版　教育出版　ひろがる言葉　小学国語　六下　いぬい　とみこ）

1

(1) ㋐まぶしい川《かわ》のまん中《なか》で、ノリオはあの日《ひ》、だれを一日中《いちにちじゅう》、待《ま》っていましたか。

(2) ㋑夏《なつ》のあの日《ひ》とは、どんな日《ひ》でしたか。

とうとう　□□□□　が　もどってこなかった日《ひ》。

2

(1) ドド……ンという何《なに》だけは、ノリオも聞《き》きましたか。

(2) だれはどこで焼《や》け死《し》んだというのですか。

□□□□　は　□□□□　で　焼《や》け死《し》んだという。

川《かわ》とノリオ　(3)

名前

● 次《つぎ》の文章《ぶんしょう》を二回《にかい》読《よ》んで、答《こた》えましょう。

1

じいちゃんが、母《かあ》ちゃんを
探《さが》して歩《ある》いた時《とき》、
暗《くら》いヒロシマの町《まち》には、
死骸《しがい》から出《で》るりんの火《ひ》が、
幾晩《いくばん》も青《あお》く燃《も》えていたという。
折《お》り重《かさ》なってたおれた家々《いえいえ》と、
折《お》り重《かさ》なって
死《し》んでいる
人々《ひとびと》の群《む》れ……。
子《こ》どもを探《さが》す母《かあ》ちゃんと、
母《かあ》ちゃんを探《さが》す子《こ》どもの声《こえ》。

2

そして、ノリオの母《かあ》ちゃんは、
とうとう帰《かえ》ってこないのだ。
㋐じいちゃんも、ノリオも
だまっている。
年寄《としよ》りすぎたじいちゃんにも、
小学二年《しょうがくにねん》のノリオにも、
何《なに》が言《い》えよう。

（令和二年度版　教育出版　ひろがる言葉　小学国語　六上　いぬい　とみこ）

1

(1) 暗《くら》いヒロシマの町《まち》には、何《なに》が幾晩《いくばん》も青《あお》く燃《も》えていましたか。

死骸《しがい》から出《で》る □□□□ 。

(2) 暗《くら》いヒロシマの町《まち》には、だれの声《こえ》が聞《き》こえましたか。

子《こ》どもを探《さが》す □□□□ と、
母《かあ》ちゃんを探《さが》す □□□ の声《こえ》。

2

(1) 帰《かえ》ってこないのは、だれですか。

□□□ の □□□□ 。

(2) ㋐じいちゃんも、ノリオもだまっているのは、なぜですか。

（　）ノリオの母《かあ》ちゃんが、死《し》んでとても悲《かな》しいから。
（　）ノリオがじいちゃんにおこられたから。

川《かわ》とノリオ (4)

名前

● 次《つぎ》の文章《ぶんしょう》を二回読《にかいよ》んで、答《こた》えましょう。

ノリオは、
青《あお》いガラスのかけらを、
ぽんと川《かわ》の水《みず》に
投《な》げてやった。
すぐにまぶしい
日《ひ》の光《ひかり》が、
ノリオの世界《せかい》に
返《かえ》ってきて、
ノリオは
仕事《しごと》を思《おも》い出《だ》す。
　じいちゃんの工場《こうば》の
やぎっ子《こ》の干《ほ》し草《くさ》かりが、
㋐ノリオの仕事《しごと》だ。

（令和二年度版　教育出版　ひろがる言葉　小学国語　六下　いぬい　とみこ）

(1) ノリオは、何《なに》をぽんと川《かわ》の水《みず》に投《な》げてやりましたか。

□□□□□ のかけら。

(2) まぶしい日《ひ》の光《ひかり》が、ノリオの世界《せかい》に返《かえ》ってきて、ノリオは何《なに》を思《おも》い出《だ》しますか。

□□ を思《おも》い出《だ》す。

(3) ㋐ノリオの仕事《しごと》は何《なん》ですか。

□□□□□ の工場《こうば》の □□ っ子《こ》の □□□□□ 。

川《かわ》とノリオ ⑸

名前

● 次《つぎ》の文章《ぶんしょう》を二回《にかい》読《よ》んで、答《こた》えましょう。

1

青々《あおあお》しげった岸辺《きしべ》の草《くさ》に、
サクッ、サクッとまたかまを
入《い》れだすと、
桜《さくら》の木《き》につないだやぎっ子《こ》が、
ミエエ、ミエエとノリオを
呼《よ》んだ。
　母《かあ》ちゃんやぎを
呼《よ》ぶような、
やぎっ子《こ》の声《こえ》。

2

草《くさ》いきれのひどい
かり草《くさ》の上《うえ》で、ノリオは
やぎっ子《こ》と、㋐取《と》っ組《く》み合《あ》う。
上《うえ》になり、下《した》になり、転《ころ》げ回《まわ》る。
青《あお》い空《そら》を映《うつ》しているやぎの㋑目玉《めだま》。

※草《くさ》いきれ…夏《なつ》の日差《ひざ》しを受《う》けて、草《くさ》の
しげみから立《た》ち上《あ》がる、
ムッとする熱気《ねっき》。

（令和二年度版　教育出版　ひろがる言葉　小学国語　六上　いぬい　とみこ）

1

(1) ノリオは、何《なに》にかまを入《い》れだしますか。

青々《あおあお》しげった［　　］の［　］。

(2) やぎっ子《こ》は、ミエエ、ミエエ、ミエエとだれを呼《よ》びましたか。

［　　　］

(3) ミエエ、ミエエとなく声《こえ》は、だれを呼《よ》ぶような、やぎっ子《こ》の声《こえ》でしたか。

［　　　　］やぎ。

2

(1) かり草《くさ》の上《うえ》で、㋐取《と》っ組《く》み合《あ》うのは、だれとだれですか。

［　　　］と［　　　　］。

(2) ㋑やぎの目玉《めだま》には、何《なに》が映《うつ》っていますか。

［　　　］

川《かわ》とノリオ　(6)

名前

● 次《つぎ》の文章《ぶんしょう》を二回《にかい》読《よ》んで、答《こた》えましょう。

1

白《しろ》い日《ひ》がさが
チカチカゆれて、
子《こ》どもの手《て》を引《ひ》いた
女《おんな》の人《ひと》が、
㋐葉桜《はざくら》の間《あいだ》を遠《とお》くなった。
㋑ザアザアと音《おと》を増《ま》す
川《かわ》のひびき。

2

ノリオは、かまを
また使《つか》いだす。
サクッ、サクッ、サクッ、
母《かあ》ちゃん帰《かえ》れ。
サクッ、サクッ、サクッ、
母《かあ》ちゃん帰《かえ》れよう。

川《かわ》は日《ひ》の光《ひかり》を
照《て》り返《かえ》しながら、
いっときも休《やす》まず流《なが》れ続《つづ》ける。

（令和二年度版　教育出版　ひろがる言葉　小学国語　六上　いぬい　とみこ）

1

(1) ㋐葉桜《はざくら》の間《あいだ》を遠《とお》くなったとは、何《なに》を表《あらわ》していますか。○をつけましょう。

（　）女《おんな》の人《ひと》が、葉桜《はざくら》の間《あいだ》を遠《とお》くのほうまでいっている。

（　）葉桜《はざくら》の木《き》が遠《とお》くにある。

(2) ㋑ザアザアと音《おと》を増《ま》すのは、何《なん》ですか。

□の□□□。

2

(1) 「母《かあ》ちゃん帰《かえ》れ。」「母《かあ》ちゃん帰《かえ》れよう。」と、同《おな》じような言葉《ことば》を二回《にかい》くり返《かえ》しているのは、なぜですか。○をつけましょう。

（　）干《ほ》し草《くさ》がりが嫌《いや》なので、早《はや》く帰《かえ》りたいから。

（　）なくなった母《かあ》ちゃんを、忘《わす》れられなくて、もどって来《き》てほしいから。

(2) 川《かわ》は、どんなふうに流《なが》れていますか。

川《かわ》は日《ひ》の光《ひかり》を照《て》り返《かえ》しながら、□□□□も□□□流《なが》れ続《つづ》ける。

イナゴ

名前

● 次《つぎ》の詩《し》を二回《にかい》読《よ》んで、答《こた》えましょう。

イナゴ　　まど・みちお

はっぱにとまった
イナゴの目《め》に
一《いっ》てん
もえている夕《ゆう》やけ

でも　イナゴは
ぼくしか見《み》ていないのだ
エンジンをかけたまま
いつでもにげられるしせいで…

ああ　㋐強《つよ》い生《い》きものと
㋑よわい生《い》きもののあいだを
川《かわ》のように流《なが》れる
イネのにおい！

（令和二年度版　教育出版　ひろがる言葉　小学国語　六上　まど・みちお）

(1) この詩《し》は何連《なんれん》からなりますか。

□ 連《れん》

(2) はっぱにとまったイナゴの目《め》に一《いっ》てん、映《うつ》っているものは、何《なん》ですか。

［　　　　］

(3) この詩《し》は、いつのことをうたっていますか。一《ひと》つに○をつけましょう。

（　）朝《あさ》　（　）夕方《ゆうがた》　（　）夜《よる》

(4) イナゴは、どんなしせいでいますか。

□□□□ を
かけたまま
いつでも
□□□□□
しせいで…

(5) ㋐強《つよ》い生《い》きものと㋑よわい生《い》きものは、それぞれ何《なに》を指《さ》していますか。——線《せん》で結《むす》びましょう。

㋐ 強《つよ》い生《い》きもの　・　　　・イナゴ

㋑ よわい生《い》きもの　・　　　・ぼく

漢字《かんじ》の形《かたち》と音《おん》・意味《いみ》 (1)

名前

(1) ——線《せん》の漢字《かんじ》の読《よ》み方《かた》を書《か》きましょう。

① 委員長《いいんちょう》は責任が重《おも》い。（　　）

② 国語《こくご》の成績が上《あ》がる。（　　）

③ 三角形《さんかくけい》の面積を求《もと》める。（　　）

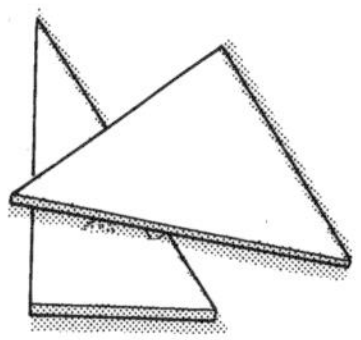

(2) 次《つぎ》の漢字《かんじ》の音《おん》を表《あらわ》す部分《ぶぶん》はどこでしょう。□で囲《かこ》みましょう。

（　）に片仮名《かたかな》で音《おん》の読《よ》み方《かた》を書《か》きましょう。

① 帳・張（チョウ）

② 花・貨（　　）

③ 政・整（　　）

④ 故・固（　　）

⑤ 効・校（　　）

⑥ 清・晴（　　）

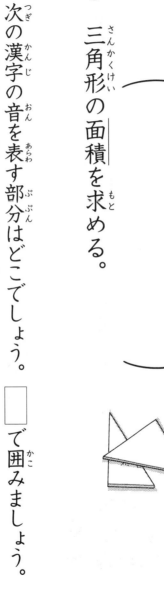

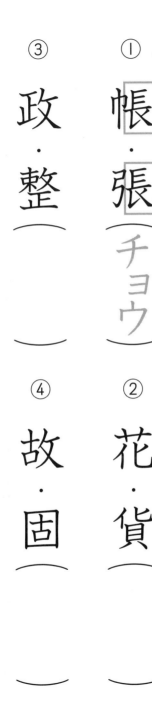

漢字《かんじ》の形《かたち》と音《おん》・意味《いみ》 (2)

名前

● □の漢字《かんじ》は同《おな》じ音《おん》の漢字《かんじ》です。漢字《かんじ》を□から選《えら》んで□に書《か》きましょう。

① キュウ

求・球・救

・理想《りそう》を追《つい》［求］する。

・チューリップの［　］根《こん》を植《う》える。

・けが人《にん》は、［　］急車《きゅうしゃ》で運《はこ》ばれた。

② セイ

清・晴・静・青

・作文《さくぶん》を［　］書《しょ》して提出《ていしゅつ》した。

・父《ちち》は、楽《たの》しい［　］春時代《しゅんじだい》を過《す》ごした。

・物事《ものごと》を冷《れい》［　］に判断《はんだん》する。

・先週《せんしゅう》は［　］天続《てんつづ》きだった。

漢字《かんじ》の形《かたち》と音《おん》・意味《いみ》 (3)

名前

● 次《つぎ》の各文《かくぶん》の□には、それぞれ同《おな》じ音《おん》の漢字《かんじ》が入《はい》ります。あてはまる漢字《かんじ》を□から選《えら》んで書《か》きましょう。また、漢字《かんじ》の共通部分《きょうつうぶぶん》を□に、その読《よ》み方《かた》を〔　〕に片仮名《かたかな》で書《か》きましょう。

① 側・測

・今日《きょう》は、身体《しんたい》［測］定《てい》があった。

・箱《はこ》を□面《めん》から見《み》る。

共通部分《きょうつうぶぶん》 ［則］

読《よ》み方《かた》 〔ソク〕

② 飯・反・版

・□対《たい》の方向《ほうこう》に進《すす》む。

・夕《ゆう》□の準備《じゅんび》を手伝《てつだ》う。

・ちょうこく刀《とう》で木《もく》□画《が》をほる。

共通部分《きょうつうぶぶん》 □

読《よ》み方《かた》 〔　〕

漢字《かんじ》の形《かたち》と音《おん》・意味《いみ》 (4)

名前

(1) 正《ただ》しい漢字《かんじ》を□から選《えら》んで□に書《か》きましょう。

① チョウ

庁・町・頂

・十二時《じゅうにじ》に、山《やま》の□上《じょう》に着《つ》きました。

② キ

起・記・紀

・早起《はやお》きをして、日《にっ》□を書《か》きます。

③ ホウ

放・方・訪

・放課後《ほうかご》、家庭《かてい》□問《もん》の予定《よてい》です。

(2) 次《つぎ》の――線《せん》の漢字《かんじ》の読《よ》み方《かた》を書《か》きましょう。

① 会社《かいしゃ》を経営する。

② このかばんは軽量だ。

③ 円《えん》の直径を測《はか》る。

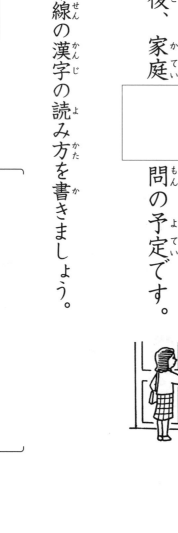

漢字《かんじ》の形《かたち》と音《おん》・意味《いみ》 (5)

名前

(1) 次《つぎ》の文《ぶん》の□には同《おな》じ部分《ぶぶん》をもつ漢字《かんじ》が入《はい》ります。あてはまる漢字《かんじ》を□から選《えら》んで書《か》きましょう。

往・徒・復・役

㋐ 生《せい》徒《と》の□《やく》に立《た》つ。

㋑ 家《いえ》と学校《がっこう》を□《おう》□《ふく》した。

(2) 往・徒・復・役 に共通《きょうつう》する部首《ぶしゅ》の名前《なまえ》にあてはまるものに○をつけましょう。

（　）にんべん
（　）ぎょうにんべん
（　）ぎょうへん

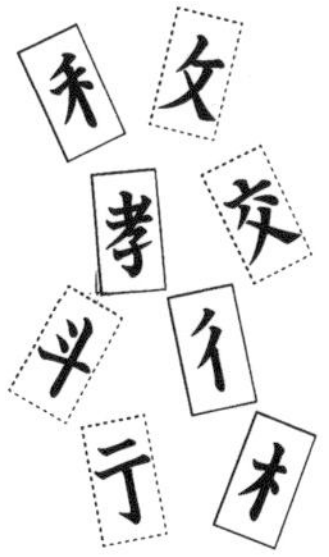

(3) 往・徒・復・役 に共通《きょうつう》する部首《ぶしゅ》の意味《いみ》にあてはまるものに○をつけましょう。

（　）「行《い》く」や「道《みち》」などの意味《いみ》。
（　）植物《しょくぶつ》に関係《かんけい》する意味《いみ》。
（　）体《からだ》に関係《かんけい》する意味《いみ》。

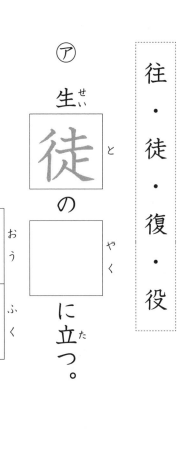

漢字《かんじ》の形《かたち》と音《おん》・意味《いみ》 (6)

名前

● 次《つぎ》の□には、同《おな》じ読《よ》み方《かた》の漢字《かんじ》が入《はい》ります。あてはまる漢字《かんじ》を□から選《えら》んで書《か》きましょう。また、それらの漢字《かんじ》の共通《きょうつう》した部分《ぶぶん》を□に書《か》きましょう。

① トウ

・豆乳《にゅう》は大豆《だいず》から作《つく》られる。

・先《せん》□を走《はし》っているのは、私《わたし》の弟《おとうと》だ。

・五人《ごにん》の□場人物《じょうじんぶつ》がいる。

頭・登・豆

→ 共通部分《きょうつうぶぶん》 豆

② コ

・交通事《こうつうじ》□に気《き》をつけよう。

・色《いろ》の好《この》みには□人差《じんさ》がある。

・びわ□の広《ひろ》さは日本一《にほんいち》だ。

湖・個・故

→ 共通部分《きょうつうぶぶん》 □

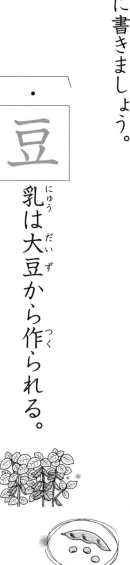

漢字《かんじ》の形《かたち》と音《おん》・意味《いみ》 (7)

名前

● 次《つぎ》の三《みっ》つの□に共通《きょうつう》して入《はい》る漢字《かんじ》の部分《ぶぶん》を［　］から選《えら》んで書《か》きましょう。
また、その部分《ぶぶん》が表《あらわ》す意味《いみ》にあてはまる方《ほう》に○をつけましょう。

①

□寺　□斤　□支

（　）足《あし》に関係《かんけい》する意味《いみ》。
（　）手《て》に関係《かんけい》する意味《いみ》。

扌・亻

②

□生　□青　□貫

（　）心《こころ》に関係《かんけい》する意味《いみ》。
（　）刀《かたな》の働《はたら》きに関係《かんけい》する意味《いみ》。

刂・忄

③

□化　□早　□葉

（　）草《くさ》に関係《かんけい》する意味《いみ》。
（　）家《いえ》に関係《かんけい》する意味《いみ》。

宀・艹

漢字《かんじ》の形《かたち》と音《おん》・意味《いみ》 (8)

名前

● 次《つぎ》の漢字《かんじ》には、共通《きょうつう》の部分《ぶぶん》があります。□から選《えら》んで、□に漢字《かんじ》を書《か》きましょう。

① 月（にくづき）…元《もと》は「肉《にく》」で体《からだ》に関係《かんけい》のある漢字《かんじ》に使《つか》われる。

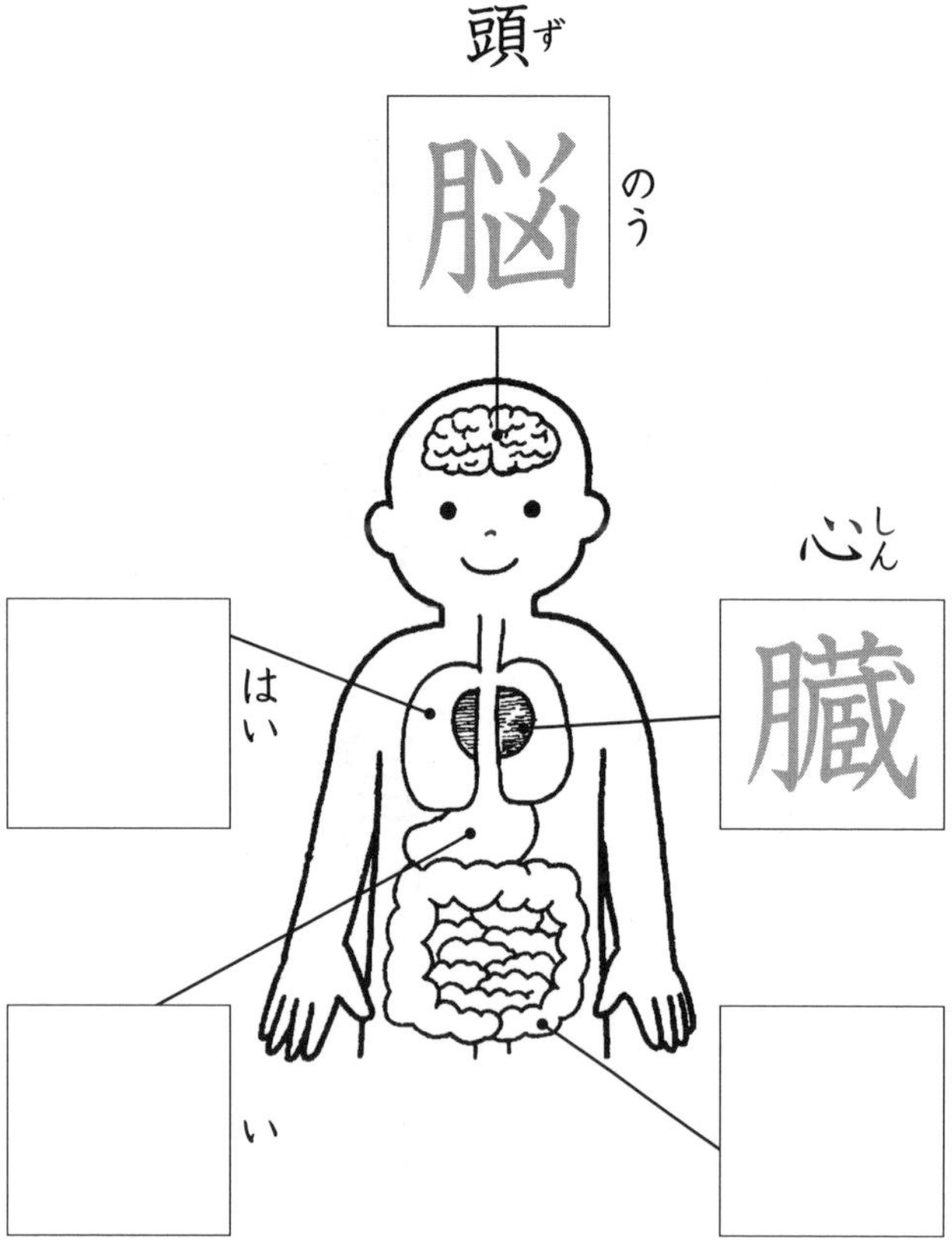

胃・肺・腸・脳・臓

② 扌（てへん）…手《て》の動《うご》きに関係《かんけい》のある漢字《かんじ》に使《つか》われる。

・友人《ゆうじん》を家《いえ》に□《しょう》待《たい》する。

・□《だ》者《しゃ》に、球《たま》を□《な》げる。

・□《ゆび》輪《わ》を□《ひろ》う。

投・指・招・打・拾

話《はな》し言《こと》葉《ば》と書《か》き言《こと》葉《ば》

名前

● 次《つぎ》の文《ぶん》は、話《はな》し言《こと》葉《ば》と書《か》き言《こと》葉《ば》のどちらの特《とく》ちょうにあてはまりますか。
話《はな》し言《こと》葉《ば》には（は）、書《か》き言《こと》葉《ば》には（か）を書《か》きましょう。

（は）音声《おんせい》で表《あらわ》す言《こと》葉《ば》のこと。

（　）文字《もじ》で表《あらわ》す言《こと》葉《ば》のこと。

（　）言《こと》葉《ば》に表《あらわ》すと、消《き》えずに残《のこ》る。

（　）音声《おんせい》に表《あらわ》すと、すぐに消《き》えてしまう。

（　）相手《あいて》に応《おう》じて、敬語《けいご》を使《つか》うかどうか、方言《ほうげん》と共通語《きょうつうご》のどちらにするかなど言《こと》葉《ば》づかいを選《えら》ぶ。

（　）ふつうはだれが読《よ》んでも分《わ》かるように、共通語《きょうつうご》で書《か》き、語順《ごじゅん》や構成《こうせい》を整《ととの》える。

文《ぶん》の組《く》み立《た》て (1)

名前

● 次《つぎ》のカードを、意味《いみ》の通《とお》る文《ぶん》に並《なら》べかえて書《か》きましょう。

①

強い

ふく

強《つよ》い

風《かぜ》が

。

②

休《やす》んだ

今日《きょう》は

かぜで

学校《がっこう》を

。

③

絵《え》を

ノートに

弟《おとうと》が

電車《でんしゃ》の

かく

。

文《ぶん》の組《く》み立《た》て　(2)

名前

(1) 次《つぎ》のカードを並《なら》べかえて、問《と》いに答《こた》えましょう。

たくさん　食《た》べた　おかしを　わたしは　昨日《きのう》

① カードを意味《いみ》の通《とお》る文《ぶん》に並《なら》べかえて、書《か》きましょう。

昨日　たくさん

② 文《ぶん》の最後《さいご》にくるカードは、どれですか。ぬき出《だ》して書《か》きましょう。

③ ②のように文末《ぶんまつ》に書《か》く言葉《ことば》はどれにあたりますか。○をつけましょう。

（　）修飾語《しゅうしょくご》　（　）述語《じゅつご》　（　）主語《しゅご》

(2) 次《つぎ》の文中《ぶんちゅう》の主語《しゅご》に――線《せん》を、述語《じゅつご》には＝＝線《せん》を引《ひ》きましょう。またその関係《かんけい》を矢印《やじるし》で示《しめ》しましょう。

① 犬《いぬ》が　庭《にわ》を　走《はし》った。

② ぼくは　絵《え》を　かいた。

文《ぶん》の組《く》み立《た》て (3)

名前

● 次《つぎ》の文《ぶん》には、主語《しゅご》と述語《じゅつご》の関係《かんけい》が二組《ふたくみ》あります。

① 主語《しゅご》には——線《せん》を、述語《じゅつご》には══線《せん》を引《ひ》き、その関係《かんけい》を矢印《やじるし》で示《しめ》しましょう。

㋐ 兄《あに》は 中学生《ちゅうがくせい》で、弟《おとうと》は 小学生《しょうがくせい》だ。

㋑ 波《なみ》が 高《たか》く、風《かぜ》も 強《つよ》い。

㋒ 姉《あね》は 音楽家《おんがくか》で、弟《おとうと》は 画家《がか》だ。

㋓ 花《はな》が さき、葉《は》が しげる。

② ①の㋐～㋓の文は、どちらの種類《しゅるい》になっていますか。

（　）二組《ふたくみ》の主語《しゅご》と述語《じゅつご》の関係《かんけい》が対等《たいとう》にならんでいる文《ぶん》。

（　）二組《ふたくみ》の主語《しゅご》と述語《じゅつご》の関係《かんけい》があって、どちらかが文《ぶん》の中心《ちゅうしん》になっている文《ぶん》。

文《ぶん》の組《く》み立《た》て (4)

名前

● 次《つぎ》の文《ぶん》には、主語《しゅご》と述語《じゅつご》の関係《かんけい》が二組《ふたくみ》あります。主語《しゅご》には——線《せん》を、述語《じゅつご》には══線《せん》を引《ひ》き、その関係《かんけい》を□と矢印《やじるし》で書《か》きましょう。

① ぼくが 作《つく》った 車《くるま》が 走《はし》った。

② 私《わたし》が 育《そだ》てた 花《はな》が さいた。

③ 父《ちち》が 乗《の》った 電車《でんしゃ》が 着《つ》いた。

④ 姉《あね》が もらった クッキーは おいしい。

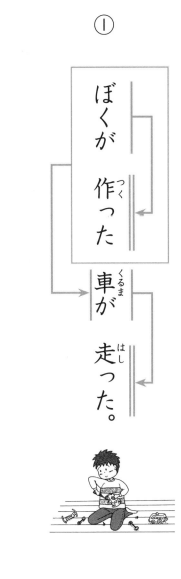

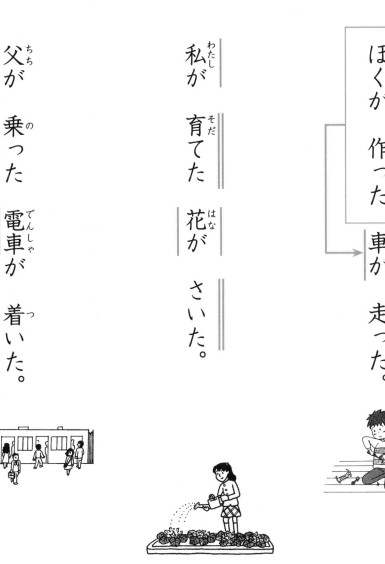

文《ぶん》の組《く》み立《た》て (5)

名前

● 次《つぎ》の文《ぶん》を〈例《れい》〉のように、二《ふた》つの短《みじか》い文《ぶん》に書《か》き直《なお》しましょう。

〈例《れい》〉 友《とも》達《だち》がくれたコップはとてもかわいい。

友達がコップをくれた。

そのコップはとてもかわいい。

① 母《はは》が作《つく》ったプリンはあまくておいしかった。

② 私《わたし》がかいた絵《え》がコンクールに入選《にゅうせん》した。

③ 姉《あね》が貸《か》してくれた本《ほん》はおもしろい。

文《ぶん》の組《く》み立《た》て (6)

名前

● 次《つぎ》の二《ふた》つの文《ぶん》を〈例《れい》〉のように、一《ひと》つの文《ぶん》に書《か》き直《なお》しましょう。

〈例《れい》〉

おじさんがりんごを送《おく》ってくれた。
そのりんごはとてもおいしかった。

おじさんが送ってくれたりんごはとてもおいしかった。

①

父《ちち》がおみやげを買《か》ってきた。
そのおみやげはまんじゅうだった。

②

兄《あに》がかばんを持《も》っている。
かばんはとても重《おも》い。

③

私《わたし》が電車《でんしゃ》に乗《の》っている。
電車《でんしゃ》が駅《えき》に着《つ》いた。

文《ぶん》の組《く》み立《た》て (7)

名前

● 次《つぎ》の文《ぶん》の主語《しゅご》と述語《じゅつご》が正《ただ》しく対応《たいおう》するように、□から言葉《ことば》を選《えら》んで書《か》きましょう。

① 私《わたし》の将来《しょうらい》の夢《ゆめ》は、世界《せかい》で活《かつ》やくするサッカー選手《せんしゅ》に

・なります。　・なることです。　・なりたいです。

② 絵《え》のコンクールに入選《にゅうせん》して、ぼくは友達《ともだち》から「よかったね。」と

・言《い》われました。　・言《い》いました。

③ 私《わたし》の長所《ちょうしょ》は、こまっている人《ひと》に親切《しんせつ》に

・したいです。　・できます。　・できることです。

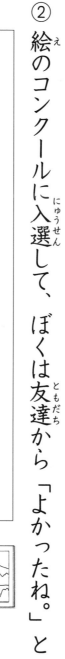

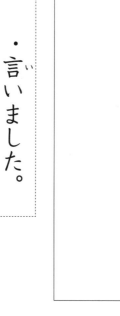

熟語《じゅくご》の成《な》り立《た》ち

漢《かん》字《じ》二《に》字《じ》の熟《じゅく》語《ご》 (1)

名前

● 次《つぎ》の①〜④の成《な》り立《た》ちにあてはまる熟語《じゅくご》を□から選《えら》んで書《か》きましょう。

① 似《に》た意《い》味《み》の漢《かん》字《じ》の組《く》み合《あ》わせ。

身体

□□

② 意《い》味《み》が対《つい》になる漢《かん》字《じ》の組《く》み合《あ》わせ。

勝敗

□□

〈①②の熟《じゅく》語《ご》〉

・勝《しょう》敗《はい》　・身《しん》体《たい》　・収《しゅう》納《のう》　・縦《じゅう》横《おう》

③ 上《うえ》の漢《かん》字《じ》が下《した》の漢《かん》字《じ》を修《しゅう》飾《しょく》する関《かん》係《けい》にある組《く》み合《あ》わせ。

曲線

□□

④ 「――を」「――に」に当《あ》たる意《い》味《み》の漢《かん》字《じ》が下《した》に来《く》る組《く》み合《あ》わせ。

帰国

□□

〈③④の熟《じゅく》語《ご》〉

・曲《きょく》線《せん》　・帰《き》国《こく》　・読《どく》書《しょ》　・休《きゅう》日《じつ》

熟語《じゅくご》の成《な》り立《た》ち

漢字《かんじ》二字《にじ》の熟語《じゅくご》 (2)

名前

● 次《つぎ》の①〜④の成《な》り立《た》ちにあてはまる熟語《じゅくご》を□から選《えら》んで書《か》きましょう。

① 似《に》た意味《いみ》の漢字《かんじ》の組《く》み合《あ》わせ。

② 意味《いみ》が対《つい》になる漢字《かんじ》の組《く》み合《あ》わせ。

〈①②の熟語《じゅくご》〉

・飲食《いんしょく》　・売買《ばいばい》　・収納《しゅうのう》　・縦横《じゅうおう》

③ 上《うえ》の漢字《かんじ》が下《した》の漢字《かんじ》を修飾《しゅうしょく》する関係《かんけい》にある組《く》み合《あ》わせ。

④ 「――を」「――に」に当《あ》たる意味《いみ》の漢字《かんじ》が下《した》に来《く》る組《く》み合《あ》わせ。

〈③④の熟語《じゅくご》〉

・山頂《さんちょう》　・洗顔《せんがん》　・読書《どくしょ》　・休日《きゅうじつ》

熟語《じゅくご》の成《な》り立《た》ち

漢字《かんじ》二字《にじ》の熟語《じゅくご》 (3)

名前

(1) 次《つぎ》の①②の成《な》り立《た》ちにあてはまる二字《にじ》の熟語《じゅくご》を、□の中《なか》の漢字《かんじ》を組《く》み合《あ》わせて作《つく》りましょう。

① 似《に》た意味《いみ》の漢字《かんじ》の組《く》み合《あ》わせ。

希《き》望《ぼう》　□□

② 意味《いみ》が対《つい》になる漢字《かんじ》の組《く》み合《あ》わせ。

左《さ》右《ゆう》　□□

希	強	救	左
右	望	弱	助

(2) 次《つぎ》の①～④の熟語《じゅくご》の成《な》り立《た》ちを、□から選《えら》んで（　）に記号《きごう》を書《か》きましょう。

① 造船《ぞうせん》（　）

② 親友《しんゆう》（　）

③ 最高《さいこう》（　）

④ 採血《さいけつ》（　）

㋐ 上《うえ》の漢字《かんじ》が下《した》の漢字《かんじ》を修飾《しゅうしょく》する関係《かんけい》にある組《く》み合《あ》わせ。

㋑ 「――を」「――に」に当《あ》たる意味《いみ》の漢字《かんじ》が下《した》に来《く》る組《く》み合《あ》わせ。

熟語《じゅくご》の成《な》り立《た》ち

漢字《かんじ》二字《にじ》の熟語《じゅくご》(4)

名前

次《つぎ》の熟語《じゅくご》と同《おな》じ成《な》り立《た》ちのものを□の中《なか》から選《えら》んで書《か》きましょう。

① 道路《どうろ》

豊富《ほうふ》・帰国《きこく》・白黒《しろくろ》

② 天地《てんち》

救助《きゅうじょ》・苦楽《くらく》・強敵《きょうてき》

③ 白紙《はくし》

天地《てんち》・身体《しんたい》・冷風《れいふう》

④ 停車《ていしゃ》

洗顔《せんがん》・寒暑《かんしょ》・絵画《かいが》

漢字《かんじ》三字《さんじ》の熟語《じゅくご》 (1)

名前

● 次《つぎ》の成《な》り立《た》ちにあう漢字《かんじ》三字《さんじ》の熟語《じゅくご》を□から選《えら》んで、〈例《れい》〉のように□に漢字《かんじ》をあてはめて書《か》きましょう。

① 一字《いちじ》の語《ご》＋二字《にじ》の熟語《じゅくご》

〈例《れい》〉大《だい》＋自然《しぜん》→大自然《だいしぜん》

□＋□□→□□□

② 二字《にじ》の熟語《じゅくご》＋一字《いちじ》の語《ご》

〈例《れい》〉時刻《じこく》＋表《ひょう》→時刻表《じこくひょう》

□□＋□→□□□

③ 一字《いちじ》の語《ご》が三《みっ》つならぶ

〈例《れい》〉衣《い》＋食《しょく》＋住《じゅう》→衣食住《いしょくじゅう》

□＋□＋□→□□□

市町村《しちょうそん》・新記録《しんきろく》・銀河系《ぎんがけい》

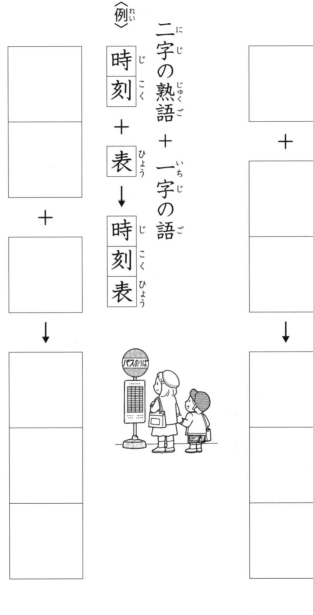

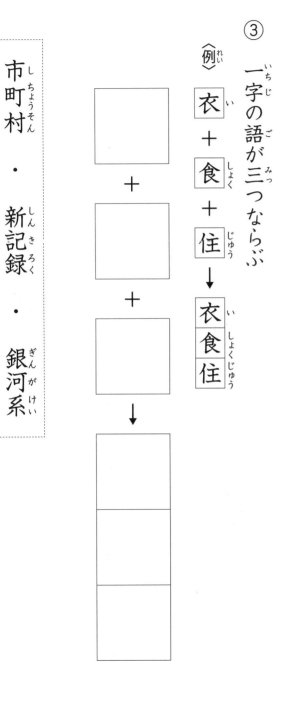

熟語《じゅくご》の成《な》り立《た》ち
漢字《かんじ》三字《さんじ》の熟語《じゅくご》 (2)

名前

(1) 次《つぎ》の熟語《じゅくご》は、上《うえ》の一字《いちじ》の語《ご》が下《した》の二字《にじ》の熟語《じゅくご》の意味《いみ》を打《う》ち消《け》すものです。
□にあてはまる漢字《かんじ》を［　］から選《えら》んで書《か》きましょう。

① 不 可能《かのう》

② □ 常識《じょうしき》

③ □ 完成《かんせい》

④ □ 気力《きりょく》

［ 未《み》・不《ふ》・無《む》・非《ひ》 ］

(2) 次《つぎ》の三字《さんじ》の熟語《じゅくご》を、構成《こうせい》している語《ご》に分《わ》けて書《か》きましょう。

〈例《れい》〉

合《あい》言《こと》葉《ば》 → 合＋言葉

松《しょう》竹《ちく》梅《ばい》 → 松＋竹＋梅

① 試《し》運《うん》転《てん》 →

② 上《じょう》中《ちゅう》下《げ》 →

③ 長《ちょう》時《じ》間《かん》 →

熟語《じゅくご》の成《な》り立《た》ち

漢字《かんじ》三字《さんじ》の熟語《じゅくご》 (3)

名前

(1) 次《つぎ》の熟語《じゅくご》は、下《した》の一字《いちじ》の語《ご》が、上《うえ》の二字《にじ》の熟語《じゅくご》に意味《いみ》をそえるものです。
□に「的《てき》」「化《か》」のどちらかを入《い》れて、三字《さんじ》の熟語《じゅくご》を作《つく》りましょう。

① 少子《しょうし》 化《か》

② 積極《せっきょく》 □

③ 家庭《かてい》 □

④ 緑地《りょくち》 □

⑤ 典型《てんけい》 □

⑥ 最適《さいてき》 □

(2) 三字《さんじ》の熟語《じゅくご》になるように、上《うえ》の語《ご》と下《した》の熟語《じゅくご》を——線《せん》で結《むす》びましょう。

①
副《ふく》・　高《こう》・　新《しん》・

・製品《せいひん》　・作用《さよう》　・気圧《きあつ》

②
不《ふ》・　少《しょう》・　軽《けい》・

・工業《こうぎょう》　・人数《にんずう》　・自然《しぜん》

熟語《じゅくご》の成《な》り立《た》ち

漢字三字《かんじさんじ》の熟語《じゅくご》 (4)

名前

● 次《つぎ》の漢字三字《かんじさんじ》の熟語《じゅくご》は、一字《いちじ》の語《ご》の集《あつ》まりから成《な》る熟語《じゅくご》です。
□の中《なか》からあてはまる漢字《かんじ》を選《えら》んで書《か》きましょう。
また、（　）に読《よ》みがなを書《か》きましょう。

① 衣［食］住（いしょくじゅう）

② 松竹□（　　）

③ □中小（　　）

大・梅・食

④ 上中□（　　）

⑤ 市□村（　　）

⑥ □技体（　　）

町・心・下

熟語《じゅくご》の成《な》り立《た》ち

漢字《かんじ》四字《よじ》以上《いじょう》の熟語《じゅくご》 (1)

名前

(1) □にあてはまる漢字《かんじ》を、［　］から選《えら》んで四字《よじ》の熟語《じゅくご》を作《つく》りましょう。

① 横《おう》□《だん》歩《ほ》道《どう》　　春《しゅん》夏《か》□《しゅう》冬《とう》

秋・断

② 体《たい》重《じゅう》□《そく》定《てい》　　交《こう》通《つう》安《あん》□《ぜん》

測・全

(2) 四字《よじ》の熟語《じゅくご》になるように、上《うえ》と下《した》の熟語《じゅくご》を——線《せん》で結《むす》びましょう。

① 漢字《かんじ》 ・　　・ 人物《じんぶつ》

② 登場《とうじょう》 ・　　・ 辞典《じてん》

③ 特別《とくべつ》 ・　　・ 予報《よほう》

④ 天気《てんき》 ・　　・ 急行《きゅうこう》

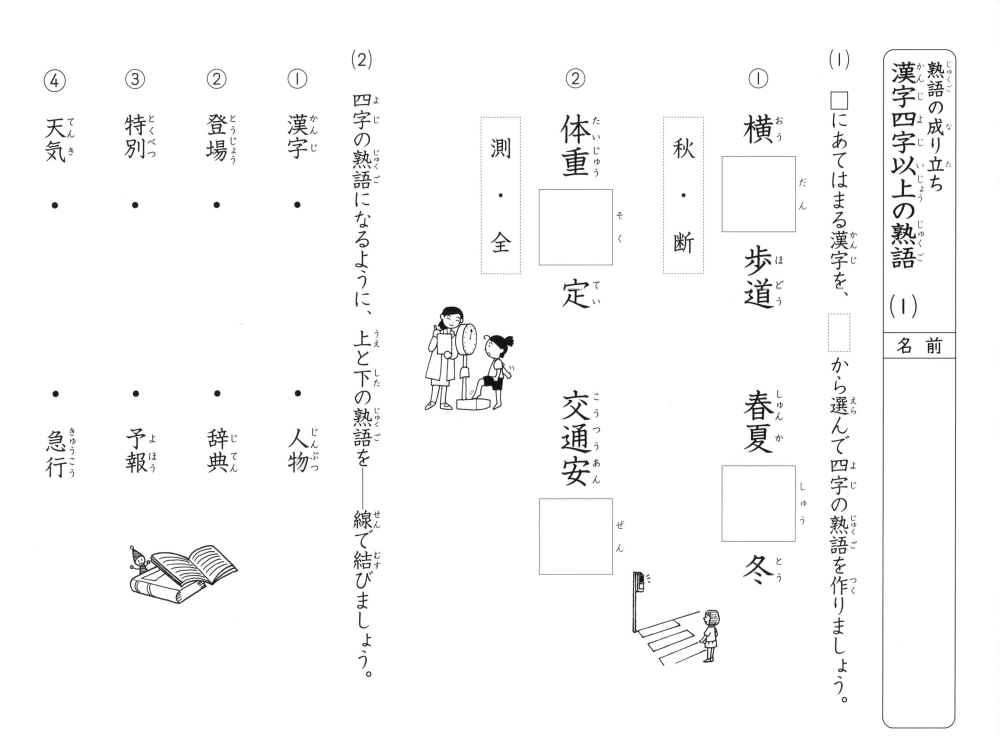

熟語《じゅくご》の成《な》り立《た》ち

漢字《かんじ》四字《よじ》以上《いじょう》の熟語《じゅくご》 (2)

名前

● 次《つぎ》の熟語《じゅくご》は、いくつか語《ご》が集《あつ》まってできています。〈例《れい》〉にならって書《か》きましょう。

〈例《れい》〉 臨《りん》時《じ》休《きゅう》業《ぎょう》 ― 臨時 ＋ 休業

① 国《こく》語《ご》辞《じ》典《てん》 ― ［　］＋［　］

② 郵《ゆう》便《びん》切《きっ》手《て》 ― ［　］＋［　］

③ 東《とう》西《ざい》南《なん》北《ぼく》　［　］＋［　］＋［　］＋［　］

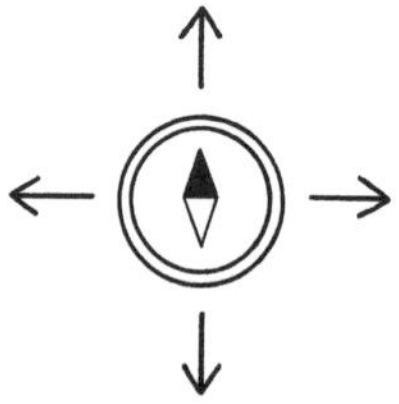

④ 宇《う》宙《ちゅう》飛《ひ》行《こう》士《し》　［　］＋［　］＋［　］

⑤ 世《せ》界《かい》新《しん》記《き》録《ろく》　［　］＋［　］＋［　］

四《よ》字《じ》熟《じゅく》語《ご》 (1)

名前

(1) □にあてはまる漢字《かんじ》を、[　]から選《えら》んで四《よ》字《じ》熟《じゅく》語《ご》を作《つく》りましょう。
四《よ》字《じ》熟《じゅく》語《ご》にあてはまる意《い》味《み》を——線《せん》で結《むす》びましょう。

① 絶《ぜっ》体《たい》絶《ぜつ》□《めい》　・　・　考《かんが》えや好《この》みは人《ひと》によってみんなちがうということ。

② 十《じゅう》人《にん》十《と》□《いろ》　・　・　どうしてものがれられない困《こん》難《なん》な場《ば》合《あい》にあること。

③ 起《き》承《しょう》□《てん》結《けつ》　・　・　文《ぶん》章《しょう》や話《はなし》などの構《こう》成《せい》の順《じゅん》序《じょ》。

転・命・色

(2) 四《よ》字《じ》熟《じゅく》語《ご》になるように、上《うえ》と下《した》の熟《じゅく》語《ご》を——線《せん》で結《むす》びましょう。

① 一《いっ》石《せき》　・　・　一《いっ》退《たい》

② 心《しん》機《き》　・　・　一《いっ》転《てん》

③ 一《いっ》進《しん》　・　・　二《に》鳥《ちょう》

四字熟語《よじじゅくご》 (2)

名前

(1) □にあてはまる漢字《かんじ》を、□から選《えら》んで四字熟語《よじじゅくご》を作《つく》りましょう。
（　）に四字熟語《よじじゅくご》の読《よ》みがなを書《か》きましょう。

㋐ 日□月□（　　　）

㋑ 温□知□（　　　）

㋒ 言□道□（　　　）

故・進・歩・新・断・語

(2) 次《つぎ》の意味《いみ》にあてはまる四字熟語《よじじゅくご》を(1)の㋐〜㋒から選《えら》んで記号《きごう》を□に書《か》きましょう。

① 昔《むかし》の事《こと》をたずね求《もと》めて、新《あたら》しい知識《ちしき》を導《みちび》くこと。□

② 毎日《まいにち》絶《た》え間《ま》なくどんどん進歩《しんぽ》すること。□

③ あまりにひどくて言葉に表《あらわ》せないこと。□

熟《じゅく》語《ご》遊《あそ》び　(1)

名前

● 次《つぎ》の□にあてはまる漢字《かんじ》を、□から選《えら》んで三字《さんじ》の熟語《じゅくご》を作《つく》りましょう。
（↓の方向《ほうこう》に読《よ》みましょう。）

①

	↓	
	運	
→ 自	□	車
	場	

②

	↓	
	不	
→ 無	□	力
	味	

③

	↓	
	太	
→ 地	□	線
	洋	

④

	↓	
	通	
→ 小	□	生
	路	

気・動・学・平

熟《じゅく》語《ご》遊《あそ》び　(2)

名前

● 次《つぎ》の□にあてはまる漢字《かんじ》を、[　]から選《えら》んで四《よ》字《じ》熟《じゅく》語《ご》を作《つく》りましょう。

(↓→の方《ほう》向《こう》に読《よ》みましょう。)

①

□	寒	□	温		
日		角			
天		□	捨	□	入
下		面			

五・四・四・三

②

□			
苦			□
□	方	美	人
苦			□
			色

十・八・四・十

①と②のヒント

・ししゃごにゅう
・みっかでんか
・はっぽうびじん
・しかくしめん
・じゅうにんといろ
・しくはっく
・さんかんしおん

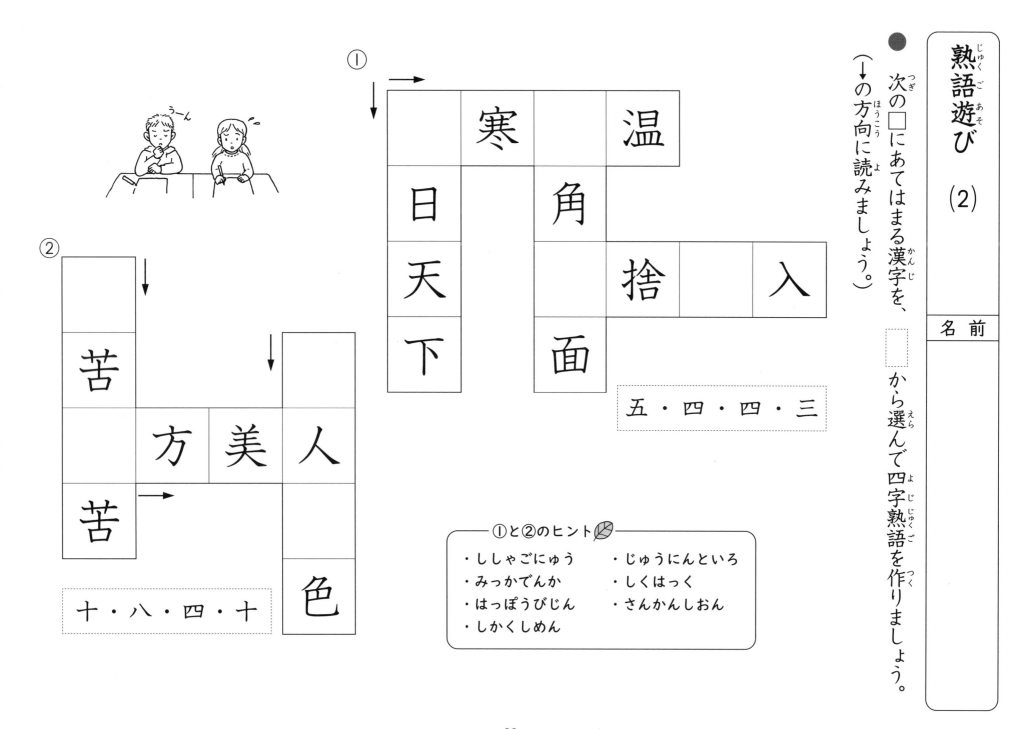

言葉《ことば》の変化《へんか》 (1)

名前

● 次《つぎ》の言葉《ことば》は（昔《むかし》）と（今《いま》）とで使《つか》い方《かた》にちがいが見《み》られます。それぞれの時代《じだい》の言葉《ことば》で表《あらわ》している方《ほう》を□から選《えら》んで（　）に記号《きごう》で答《こた》えましょう。

①
（昔《むかし》）うつくしうて　（　　）
（今《いま》）うつくしい　（　　）

㋐ 美《うつく》しい。
㋑ かわいらしい。

②
（昔《むかし》）すさまじ　（　　）
（今《いま》）すさまじい　（　　）

㋐ 程度《ていど》や勢《いきお》いがひどくはげしい。
㋑ 不調和《ふちょうわ》でおもしろくない。

③
（昔《むかし》）あは《(わ)》れなり　（　　）
（今《いま》）あわれだ　（　　）

㋐ かわいそうである。
㋑ 喜《よろこ》び、悲《かな》しみ、楽《たの》しみなどを感《かん》じ、しみじみと感動《かんどう》する。

言葉《ことば》の変化《へんか》 (2)

名前

● 次《つぎ》の世代《せだい》による言葉《ことば》のちがいについて答《こた》えましょう。

① 上《うえ》の世代《せだい》で呼《よ》ばれていた次《つぎ》の言葉《ことば》は、下《した》の世代《せだい》ではどのように表《あらわ》されることがありますか。□から選《えら》んで□に言葉《ことば》を書《か》きましょう。

㋐ さじ　↓

㋑ えりまき　↓

㋒ 暦《こよみ》　↓

・カレンダー
・スプーン
・マフラー

② 下《した》の世代《せだい》で呼《よ》ばれている次《つぎ》の言葉《ことば》は、上《うえ》の世代《せだい》ではどのように表《あらわ》されることがありますか。□から選《えら》んで□に言葉《ことば》を書《か》きましょう。

㋐ ノート　↓

㋑ キッチン　↓

㋒ スーツ　↓

・台所《だいどころ》
・背広《せびろ》
・帳面《ちょうめん》

複合語《ふくごうご》 (1)

名前

(1) 和語《わご》と和語《わご》を組《く》み合《あ》わせて複合語《ふくごうご》を作《つく》りましょう。〈例《れい》〉のように□に平仮名《ひらがな》で書《か》きましょう。

〈例《れい》〉 折《お》る ＋ 紙《かみ》 → おりがみ

① 早《はや》く ＋ 起《お》きる → □

② うすい ＋ 暗《くら》い → □

③ 昼《ひる》 ＋ 休《やす》む → □

(2) 次《つぎ》の複合語《ふくごうご》は、どのような和語《わご》の組《く》み合《あ》わせでできていますか。〈例《れい》〉のように□に書《か》きましょう。

〈例《れい》〉 見送《みおく》る → 見る ＋ 送る

① あまずっぱい → □ ＋ □

② 走《はし》り回《まわ》る → □ ＋ □

③ 食《た》べ物《もの》 → □ ＋ □

複合語《ふくごうご》 (2)

名前

(1) 〈例《れい》〉のように漢語《かんご》と漢語《かんご》を組《く》み合《あ》わせて、□に複合語《ふくごうご》を作《つく》りましょう。

〈例《れい》〉 天気《てんき》 ＋ 予報《よほう》 → 天気予報

① 防災《ぼうさい》 ＋ 訓練《くんれん》 → □

② 国内《こくない》 ＋ 旅行《りょこう》 → □

③ 図書《としょ》 ＋ 委員《いいん》 → □

(2) 次《つぎ》の複合語《ふくごうご》は、どのような漢語《かんご》の組《く》み合《あ》わせでできていますか。〈例《れい》〉のように□に書《か》きましょう。

〈例《れい》〉 新聞記者《しんぶんきしゃ》 → 新聞 ＋ 記者

① 野球選手《やきゅうせんしゅ》 → □ ＋ □

② 日常生活《にちじょうせいかつ》 → □ ＋ □

③ 観光案内《かんこうあんない》 → □ ＋ □

複合語《ふくごう》（3）

名前

(1) 〈例《れい》〉のように外来語《がいらいご》と外来語《がいらいご》を組《く》み合《あ》わせて、□に複合語《ふくごうご》を作《つく》りましょう。

〈例《れい》〉 ジャム ＋ パン → ジャムパン

① スクール ＋ バス →

② デジタル ＋ カメラ →

③ スポーツ ＋ クラブ →

(2) 次《つぎ》の複合語《ふくごうご》は、どのような外来語《がいらいご》の組《く》み合《あ》わせでできていますか。〈例《れい》〉のように□に書《か》きましょう。

〈例《れい》〉 トマトジュース → トマト ＋ ジュース

① チーズケーキ → ＋

② スイミングスクール → ＋

③ ピアノコンサート → ＋

複合語《ふくごうご》 (4)

名前

(1) 次《つぎ》の〈例《れい》〉のように、複合語《ふくごうご》を和語《わご》と漢語《かんご》に分《わ》けましょう。

〈例《れい》〉 雪合戦《ゆきがっせん》 → 【和語《わご》】雪の ＋ 【漢語《かんご》】合戦

① 赤信号《あかしんごう》 → ＋

② 花火大会《はなびたいかい》 → ＋

(2) 次《つぎ》の〈例《れい》〉のように、複合語《ふくごうご》を和語《わご》と外来語《がいらいご》に分《わ》けましょう。

〈例《れい》〉 長《なが》ズボン → 【和語《わご》】長い ＋ 【外来語《がいらいご》】ズボン

① 消《け》しゴム → ＋

② 歯《は》ブラシ → ＋

(3) 次《つぎ》の〈例《れい》〉のように、複合語《ふくごうご》を漢語《かんご》と外来語《がいらいご》に分《わ》けましょう。

〈例《れい》〉 自動《じどう》ドア → 【漢語《かんご》】自動 ＋ 【外来語《がいらいご》】ドア

① 卒業《そつぎょう》アルバム → ＋

② 非常《ひじょう》ベル → ＋

複合語《ふくごうご》 (5)

名前

● 次《つぎ》の言葉《ことば》を組《く》み合《あ》わせて〈例《れい》〉のように複合語《ふくごうご》を作《つく》りましょう。
（　）に読《よ》みがなを書《か》きましょう。

〈例《れい》〉 酒《さけ》＋屋《や》 → 酒屋（さかや）

① 白《しろ》い＋波《なみ》 → 　（　　）

② 雨《あめ》＋かさ → 　（　　）

③ 風《かぜ》＋向《む》き → 　（　　）

④ 船《ふね》＋乗《の》り → 　（　　）

⑤ うすい＋暗《くら》い → 　（　　）

複合語《ふくごうご》 (6)

名前

(1) 長《なが》くなった複合語《ふくごうご》を、短《みじか》く縮《ちぢ》めて表現《ひょうげん》した形《かたち》を［　］に書《か》きましょう。

① パーソナルコンピューター → ［パソコン］

② 国民体育大会《こくみんたいいくたいかい》 → ［　］

③ コンビニエンスストア → ［　］

④ 国際連合《こくさいれんごう》 → ［　］

(2) 次《つぎ》の□にあてはまる、意味《いみ》をそえる言葉《ことば》を［　］から選《えら》んで書《か》き、複合語《ふくごうご》を作《つく》りましょう。

① ［無・非］
㋐ □意識
㋑ □常食

② ［たち・的］
㋐ 積極□
㋑ わたし□

③ ［か・真］
㋐ □心
㋑ □弱い

ヒント
・せっきょくてき
・ひじょうしょく
・むいしき
・まごころ
・かよわい
・わたしたち

場面《ばめん》に応《おう》じた言葉《ことば》づかい （1）

名前

● 次《つぎ》のような場面《ばめん》で、ふさわしい言葉《ことば》づかいにあてはまる方《ほう》に○をつけましょう。

① **【先生《せんせい》に対《たい》して話《はな》すとき】**

先生《せんせい》、この本《ほん》を
（　）お借《か》りしてもいいですか。
（　）借《か》りてもいいかな。

② **【同級生《どうきゅうせい》に話《はな》しかけるとき】**

（　）この前《まえ》は
（　）先日《せんじつ》は
宿題《しゅくだい》を
（　）教《おし》えていただいて
（　）教《おし》えてくれて
ありがとう。

③ **【校長先生《こうちょうせんせい》が言《い》ったことを話《はな》すとき】**

「ろうかは、走《はし》らないように。」と
（　）おっしゃった。
（　）言《い》った。

④ **【全校集会《ぜんこうしゅうかい》で話《はな》すとき】**

みなさん
（　）おはよう。
（　）おはようございます。

今《いま》から集会《しゅうかい》を
（　）始《はじ》めます。
（　）始《はじ》めるよ。

⑤ **【目上《めうえ》の人《ひと》のことを話《はな》すとき】**

学校《がっこう》に、消防署《しょうぼうしょ》の人《ひと》が
（　）来《き》た。
（　）来《こ》られた。

場面《ばめん》に応《おう》じた言葉《ことば》づかい　(2)

名前

● 次《つぎ》のような場面《ばめん》では、どのような言葉《ことば》づかいがふさわしいでしょうか。あてはまる方《ほう》に○をしましょう。

① 【たのみごとをするとき】

（　）たなの上《うえ》の荷物《にもつ》を取《と》りなさい。

（　）たなの上《うえ》の荷物《にもつ》を取《と》ってもらえませんか。

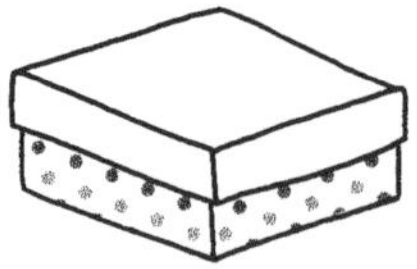

② 【お母《かあ》さんが言《い》ったことを先生《せんせい》に伝《つた》えるとき】

（　）母《はは》が先生《せんせい》にお会《あ》いしたいと申《もう》していました。

（　）お母《かあ》さんが先生《せんせい》に会《あ》いたいと言《い》っていました。

③ 【妹《いもうと》に話《はな》しかけるとき】

（　）さっき食《た》べたケーキはおいしかったね。

（　）先《さき》ほどいただいたケーキはおいしかったですね。

場面《ばめん》に応《おう》じた言葉《ことば》づかい　(3)

名前

● 次《つぎ》のような場面《ばめん》では、どのような言葉《ことば》づかいがふさわしいでしょうか。
——線《せん》の言葉《ことば》を書《か》きかえましょう。

① **【絵画展《かいがてん》に来《き》た人《ひと》を案内《あんない》するとき】**

展示会場《てんじかいじょう》は、あっちだよ。

（　　　　　　）

案内《あんない》するよ。

（　　　　　　）

② **【駅《えき》で分《わ》からないことを駅員《えきいん》さんにたずねるとき】**

東京駅《とうきょうえき》に行《い》きたいのだけど、この電車《でんしゃ》でいいかな。

（　　　　　　）

（　　　　　　）

③ **【お母《かあ》さんが留守《るす》の時《とき》に電話《でんわ》がかかってきたとき】**

お母《かあ》さんは、今《いま》、留守《るす》です。だれですか。

（　　　　　　）

（　　　　　　）

場面《ばめん》に応《おう》じた言葉《ことば》づかい (4)

名前

● 次《つぎ》のような場面《ばめん》では、どのような言葉《ことば》づかいがふさわしいでしょうか。[　]の中《なか》から選《えら》んで（　）に書《か》きましょう。

① 【友達《ともだち》どうしで話《はな》すとき】

この前《まえ》、かして ㋐（　　　　）本《ほん》を、

㋑（　　　　）。

㋐ もらった ・ いただいた

㋑ お返《かえ》しします ・ 返《かえ》すね

② 【工場見学《こうじょうけんがく》でお世話《せわ》になった方《かた》に話《はな》すとき】

先日《せんじつ》は、工場《こうじょう》の仕組《しく》みを ㋐（　　　　）

㋑（　　　　）。

㋐ 教《おし》えてくれて ・ 教《おし》えていただいて

㋑ ありがとう ・ ありがとうございました

熟《じゅく》語《ご》の使《つか》い分《わ》け (1)

名前

● 次《つぎ》の文《ぶん》の□にあてはまる熟《じゅく》語《ご》を□から選《えら》んで書《か》きましょう。

① 重要《じゅうよう》・大事《だいじ》

㋐ 親《おや》を□□にする。

㋑ 歴史上《れきしじょう》の□□人物《じんぶつ》について調《しら》べる。

② 事実《じじつ》・現実《げんじつ》

㋐ 理想《りそう》と□□とはちがう。

㋑ 意外《いがい》な□□が明《あき》らかになる。

③ 経験《けいけん》・体験《たいけん》

㋐ □□豊富《ほうふ》な人《ひと》の話《はなし》を聞《き》く。

㋑ 祖母《そぼ》に昔《むかし》の□□談《だん》を聞《き》かせてもらう。

熟語《じゅくご》の使《つか》い分《わ》け (2)

名前

● 次《つぎ》の文《ぶん》では、どちらの熟語《じゅくご》がふさわしいでしょう。
（　）内《ない》の熟語《じゅくご》であてはまる方《ほう》を○で囲《かこ》みましょう。

① どんなに大変《たいへん》だったろうと（予測《よそく》・推測《すいそく》）する。

② （空想《くうそう》・想像《そうぞう》）科学小説《かがくしょうせつ》を読《よ》む。

③ 国語《こくご》の参考書《さんこうしょ》の利用《りよう》（方法《ほうほう》・手段《しゅだん》）を学《まな》ぶ。

④ 中学《ちゅうがく》の（経験《けいけん》・体験《たいけん》）授業《じゅぎょう》を受《う》ける。

⑤ 車《くるま》が（制限《せいげん》・限定《げんてい》）速度《そくど》を守《まも》って走《はし》る。

⑥ ある学校《がっこう》の児童数《じどうすう》が（追加《ついか》・増加《ぞうか》）している。

解答例

本書の解答は，あくまでもひとつの例です。児童に取り組ませる前に，必ず指導される方が問題を解いてください。指導される方の作られた解答をもとに，児童の多様な考えに寄り添って○つけをお願いします。

4頁

春《はる》の河《かわ》

名前

● 次《つぎ》の詩《し》を二回《にかい》読《よ》んで、答《こた》えましょう。

春《はる》の河《かわ》

山村《やまむら》　暮鳥《ぼちょう》

たっぷりと
春《はる》は
小《ちい》さな川々《かわがわ》まで
あふれてゐ《い》る
あふれてゐ《い》る

（令和二年度版　光村図書　国語　六　創造　山村《やまむら》　暮鳥《ぼちょう》）

(1) 題名《だいめい》は何《なん》ですか。

春の河

(2) 「春《はる》の河《かわ》」とありますが、「河《かわ》」とはどんなものと考《かんが》えられますか。○をつけましょう。

(〇) 広《ひろ》く大《おお》きな川《かわ》。
(　) せまく小《ちい》さな川《かわ》。

(3) 季節《きせつ》はいつですか。

春

(4) 春《はる》は小《ちい》さな川々《かわがわ》までどうなっていますか。○をつけましょう。

(　) 少《すく》なくなっている。
(〇) あふれている。

(5) この詩《し》で二回《にかい》くり返《かえ》されている言葉《ことば》は何《なん》ですか。

あふれてゐ（い）る

4

5頁

小景異情《しょうけいいじょう》

名前

● 次《つぎ》の詩《し》を二回《にかい》読《よ》んで、答《こた》えましょう。

小景異情《しょうけいいじょう》

室生《むろう》　犀星《さいせい》

あんずよ
花着《はなつ》け
地《ち》ぞ早《は》やに輝《かが》やけ
あんずよ花着《はなつ》け
あんずよ燃《も》えよ

※小景異情《しょうけいいじょう》…心《こころ》に残《のこ》るちょっとした風景《ふうけい》が、いつもとちがった気持《きも》ちをわきおこす。
※あんず…桃《もも》の花《はな》のような花《はな》をつける。アプリコットとよばれることもある。

（令和二年度版　光村図書　国語　六　創造　室生《むろう》　犀星《さいせい》）

(1) 題名《だいめい》「小景異情《しょうけいいじょう》」について答《こた》えましょう。

① 小景《しょうけい》とはどういう意味《いみ》ですか。○をつけましょう。

(　) 絵《え》にかいた小《ちい》さな風景《ふうけい》。
(〇) 心《こころ》に残《のこ》るちょっとした風景《ふうけい》。

② 異情《いじょう》とはどういう意味《いみ》ですか。○をつけましょう。

(　) いつも同《おな》じことを感《かん》じる。
(〇) いつもとちがった気持《きも》ち。

(2) 「花着《はなつ》け」について答《こた》えましょう。

① 花着《はなつ》けとはどういう意味《いみ》ですか。○をつけましょう。

(〇) 花《はな》を咲《さ》かせよう。
(　) 早《はや》く実《み》をつけよう。

② 花着《はなつ》けは何回《なんかい》くり返《かえ》されていますか。

二 回《かい》

5

6頁

季節《きせつ》の言葉《ことば》　春《はる》のいぶき (1)

名前

日本《にほん》では、こよみのうえで季節《きせつ》を二十四《にじゅうよん》に区切《くぎ》っていました（二十四節気《にじゅうしせっき》）。「春《はる》」には、順《じゅん》に、立春（二月四日《にがつよっか》ごろ）・雨水（二月十九日《にがつじゅうくにち》ごろ）・啓蟄（三月六日《さんがつむいか》ごろ）・春分（三月二十一日《さんがつにじゅういちにち》ごろ）・清明（四月五日《しがついつか》ごろ）・穀雨（四月二十日《しがつはつか》ごろ）の六《むっ》つの言葉《ことば》があります。

(1) 次《つぎ》の言葉《ことば》の読《よ》み方《かた》を□から選《えら》んで書《か》きましょう。

① 立春　りっしゅん
② 雨水　うすい
③ 啓蟄　けいちつ
④ 春分　しゅんぶん
⑤ 清明　せいめい
⑥ 穀雨　こくう

・しゅんぶん　・けいちつ　・こくう
・りっしゅん　・せいめい　・うすい

(2) 次《つぎ》の㋐～㋕の言葉《ことば》を、季節《きせつ》が来《く》る順番《じゅんばん》にならべかえて□に記号《きごう》で書《か》きましょう。

㋐ 雨水　㋑ 清明　㋒ 穀雨
㋓ 立春　㋔ 春分　㋕ 啓蟄

㋓ → ㋐ → ㋕ → ㋔ → ㋑ → ㋒

6

7頁

季節《きせつ》の言葉《ことば》　春《はる》のいぶき (2)

名前

(1) 次《つぎ》の言葉《ことば》の意味《いみ》にあてはまる説明《せつめい》を下《した》から選《えら》び、——線《せん》で結《むす》びましょう。

① 【りっしゅん】立春（二月四日《にがつよっか》ごろ）
② 【うすい】雨水（二月十九日《にがつじゅうくにち》ごろ）
③ 【けいちつ】啓蟄（三月六日《さんがつむいか》ごろ）

・降《ふ》る雪《ゆき》が雨《あめ》に変《か》わって、深《ふか》く積《つ》もった雪《ゆき》も解《と》け始《はじ》めます。このころから、春《はる》の初《はじ》めのころの気配《けはい》が感《かん》じられるようになります。
・こよみのうえで、春《はる》が始《はじ》まる日《ひ》です。まだ寒《さむ》さはきびしいですが、だんだんと日《ひ》がのびて、木々《きぎ》が芽《め》を出《だ》します。
・地面《じめん》の中《なか》で冬眠《とうみん》していた虫《むし》がはい出《で》てくるころという意味《いみ》です。春《はる》も、もうすぐ本番《ほんばん》になるころです。

(2) 次《つぎ》の言葉《ことば》の意味《いみ》にあてはまる説明《せつめい》を下《した》から選《えら》び、——線《せん》で結《むす》びましょう。

① 【しゅんぶん】春分（三月二十一日《さんがつにじゅういちにち》ごろ）
② 【せいめい】清明（四月五日《しがついつか》ごろ）
③ 【こくう】穀雨（四月二十日《しがつはつか》ごろ）

・いろいろな穀物《こくもつ》をうるおし、芽《め》を出《だ》させる春《はる》の雨《あめ》という意味《いみ》です。これを過《す》ぎると、いよいよ夏《なつ》となります。
・昼《ひる》と夜《よる》の長《なが》さがほぼ等《ひと》しくなります。これより後《あと》は、昼《ひる》の時間《じかん》が長《なが》くなっていきます。春《はる》のひがんの中日《ちゅうにち》にあたります。
・気候《きこう》がしだいに暖《あたた》かくなり、すがすがしく、明《あか》るい空気《くうき》に満《み》ちあふれるころです。

7

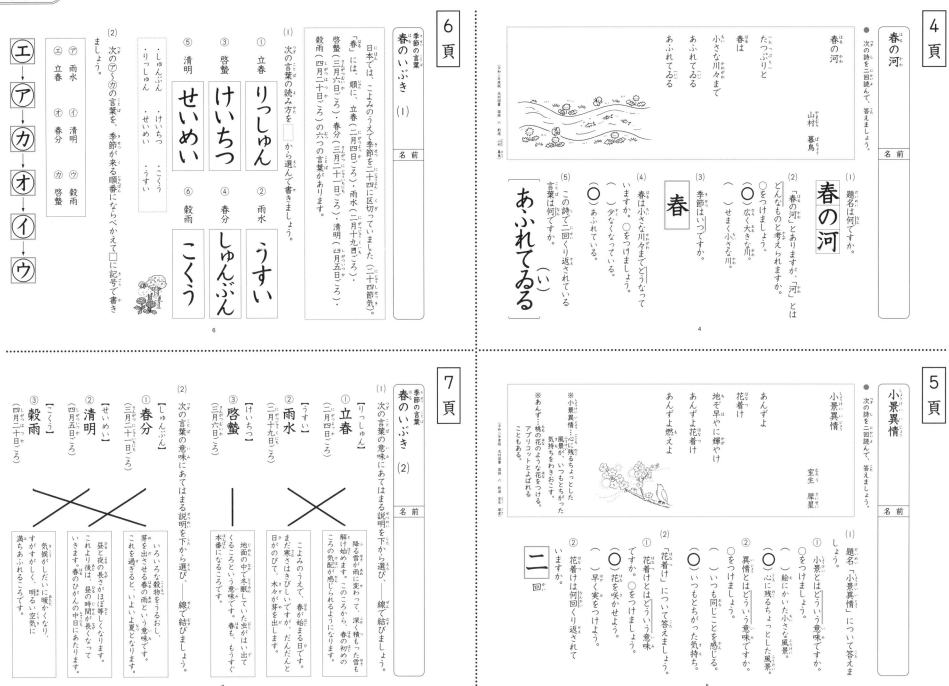

8頁

天地《てんち》の文《ぶみ》 (1)

名前

● 次《つぎ》の文章《ぶんしょう》と意味《いみ》の文《ぶん》を二回《にかい》読《よ》んで、答《こた》えましょう。

㋐天地日月《てんちじつげつ》。
東西南北《とうざいなんぼく》。
きたを背《せ》に南《みなみ》に向《む》かひ（い）て
右《みぎ》と左《ひだり》に指《ゆび》させば、
ひだりは東《ひがし》、みぎはにし。
㋑日輪《にちりん》、朝《あさ》は東《ひがし》より
次第《しだい》にのぼり、
暮《く》れはまたにしに㋒没《ぼっ》して、
夜《よる》くらし。

【意味《いみ》の文《ぶん》】
天《てん》と地《ち》、そして太陽《たいよう》と月《つき》。
東西南北《とうざいなんぼく》。
北《きた》を背《せ》にして南《みなみ》に向《む》かって
右《みぎ》と左《ひだり》を指《ゆび》さすと、
左《ひだり》は東《ひがし》、右《みぎ》は西《にし》である。
太陽《たいよう》は、朝《あさ》は東《ひがし》から
しだいにのぼり、
暮《く》れには西《にし》にしずんで、
夜《よる》は暗《くら》くなる。

（令和二年度版　光村図書　国語　六　創造　福澤《ふくざわ》　諭吉《ゆきち》「天地の文」による）

(1) 北《きた》を背《せ》にして南《みなみ》に向《む》かって右《みぎ》と左《ひだり》を指《ゆび》さすと、左《ひだり》と右《みぎ》の方角《ほうがく》は、それぞれ何《なん》ですか。

① 左《ひだり》 **東**　② 右《みぎ》 **西**

(2) 太陽《たいよう》は、朝《あさ》はどの方角《ほうがく》からのぼり、暮《く》れにはどの方角《ほうがく》にしずみますか。

① 朝《あさ》 **東**　② 暮《く》れ **西**

(3) ㋐天地日月《てんちじつげつ》で、日月《じつげつ》は何《なに》を表《あらわ》しますか。

太陽 と **月**。

(4) ㋑日輪《にちりん》とは、何《なに》を表《あらわ》しますか。

太陽

(5) ㋒没《ぼっ》してとは、どういう意味《いみ》ですか。○をつけましょう。

（○）しずんで
（　）のぼって

9頁

天地《てんち》の文《ぶみ》 (2)

名前

● 次《つぎ》の文章《ぶんしょう》と意味《いみ》の文《ぶん》を二回《にかい》読《よ》んで、答《こた》えましょう。

一昼一夜《いっちゅういちや》変《か》わりなく、
界《さかい》を分《わ》けし午前午後《ごぜんごご》、
前後《ぜんご》合《あ》わせて二十四時《にじゅうよじ》、
時《とき》をあつめて日《ひ》を計《かぞ》へ（え）、
日数《ひかず》つもりて
㋐三十《さんじゅう》の数《かず》に満《み》つれば一《いっ》か月《げつ》、

【意味《いみ》の文《ぶん》】
一日《いちにち》は
午前《ごぜん》と午後《ごご》に分《わ》かれ、
合《あ》わせて二十四時間《にじゅうよじかん》である。
時間《じかん》を積《つ》み重《かさ》ねて
日《ひ》がたち、
三十日《さんじゅうにち》になると、一《いっ》か月《げつ》である。

（令和二年度版　光村図書　国語　六　創造　福澤《ふくざわ》　諭吉《ゆきち》「天地の文」による）

(1) 意味《いみ》の文《ぶん》を読《よ》んで、答《こた》えましょう。

① 一日《いちにち》は何《なに》と何《なに》に分《わ》かれますか。

午前 と **午後**。

② 一日《いちにち》は何時間《なんじかん》ですか。

二十四 時間《じかん》。

(2) ㋐三十《さんじゅう》の数《かず》に満《み》つれば一《いっ》か月《げつ》とは、どういう意味《いみ》ですか。

三十日 になると、**一か月** である。

10頁

天地《てんち》の文《ぶみ》 (3)

名前

● 次《つぎ》の文章《ぶんしょう》と意味《いみ》の文《ぶん》を二回《にかい》読《よ》んで、答《こた》えましょう。

大《だい》と小《しょう》とにかかはら（わ）ず、
あらまし分《わ》けし四週日《ししゅうじつ》、
一週日《いっしゅうじつ》の名目《みょうもく》は日月火水木金土《にちげつかすいもくきんど》、
一七日《ひとなぬか》に一新《いっしん》し、
一年五十二週日《いちねんごじゅうにしゅうじつ》、

【意味《いみ》の文《ぶん》】
㋐三十一日《さんじゅういちにち》と三十日《さんじゅうにち》の月《つき》はあるが、
一《いっ》か月《げつ》はだいたい四週《よんしゅう》であり、
一週《いっしゅう》は日月火水木金土《にちげつかすいもくきんど》で、
㋑七日《なのか》ごとに週《しゅう》が新《あたら》しくなって、
一年《いちねん》は五十二週《ごじゅうにしゅう》である。

（令和二年度版　光村図書　国語　六　創造　福澤《ふくざわ》　諭吉《ゆきち》「天地の文」による）

(1) 意味《いみ》の文《ぶん》の、㋐三十一日《さんじゅういちにち》と三十日《さんじゅうにち》は、上《うえ》の文章《ぶんしょう》では何《なに》と何《なに》だと書《か》かれていますか。

大 と **小**

(2) ㋑七日《なのか》ごとに週《しゅう》が新《あたら》しくなってとは、上《うえ》の文章《ぶんしょう》ではどのように書《か》かれていますか。

一七《ひとなぬ》日《か》 に **一新** し

(3) 意味《いみ》の文《ぶん》を読《よ》んで、答《こた》えましょう。

① 一《いっ》か月《げつ》はだいたい何週《なんしゅう》ありますか。

四 週《しゅう》。

② 一年《いちねん》は何週《なんしゅう》ありますか。

五十二 週《しゅう》。

11頁

天地《てんち》の文《ぶみ》 (4)

名前

● 次《つぎ》の文章《ぶんしょう》と意味《いみ》の文《ぶん》を二回《にかい》読《よ》んで、答《こた》えましょう。

第一月《だいいちげつ》の一日《いちにち》は
年《とし》たち回《まわ》る時《とき》なれど、
㋐春《はる》の初《はじ》めは尚遅《なおおそ》く
初《はじ》めて来《きた》る第三月《だいさんげつ》、
春夏秋冬《しゅんかしゅうとう》三月《みつき》づ（ず）つ合《あ》わせて
三百六十日《さんびゃくろくじゅうにち》、

【意味《いみ》の文《ぶん》】
一月一日《いちがつついたち》は
㋑新年《しんねん》で、
（こよみのうえでは春《はる》になるが、）
本当《ほんとう》の春《はる》のおとずれは遅《おそ》く、
三月《さんがつ》である。
春夏秋冬《しゅんかしゅうとう》三《さん》か月《げつ》ずつを合《あ》わせると
三百六十日《さんびゃくろくじゅうにち》になり、

（令和二年度版　光村図書　国語　六　創造　福澤《ふくざわ》　諭吉《ゆきち》「天地の文」による）

(1) ㋐春《はる》の初《はじ》めは尚遅《なおおそ》くとは、どういう意味《いみ》ですか。○をつけましょう。

（○）春《はる》のおとずれは遅《おそ》く
（　）春《はる》がはじまらない

(2) 意味《いみ》の文《ぶん》の、㋑新年《しんねん》では、上《うえ》の文章《ぶんしょう》では何《なん》と書《か》かれていますか。

年たち回る時なれど

(3) 意味《いみ》の文《ぶん》を読《よ》んで、答《こた》えましょう。

① 一月一日《いちがつついたち》はこよみのうえでは季節《きせつ》はいつですか。

春

② 春夏秋冬《しゅんかしゅうとうさん》三か月《げつ》ずつを合《あ》わせると、何日《なんにち》になりますか。

三百六十 日《にち》。

解答例

本書の解答は，あくまでもひとつの例です。児童に取り組ませる前に，必ず指導される方が問題を解いてください。指導される方の作られた解答をもとに，児童の多様な考えに寄り添って○つけをお願いします。

12頁

天地《てんち》の文《ふみ》 (5)

名前

● 次《つぎ》の文章《ぶんしょう》と意味《いみ》の文《ぶん》を二回《にかい》読《よ》んで、答《こた》えましょう。

㋐一年一年又一年《いちねんいちねんまたいちねん》、
百年三万六千日《ひゃくねんさんまんろくせんにち》、
人生《じんせい》わづ(ず)か五十年《ごじゅうねん》、
㋑稚《おさな》き時《とき》に怠《おこ》たらば
老《お》いて悔《く》ゆるも
甲斐《かい》なかるべし。

【意味《いみ》の文《ぶん》】
一年一年《いちねんいちねん》を積《つ》み重《かさ》ねると、
百年《ひゃくねん》ではおよそ三万六千日《さんまんろくせんにち》となるが、
人生《じんせい》はわずか五十年程度《ごじゅうねんていど》である。
おさないときに努力《どりょく》を怠《おこた》り、
年《とし》を取《と》ってから後悔《こうかい》しても
しかたがない。

(令和二年度版　光村図書　国語　六　創造　福澤《ふくざわ》　諭吉《ゆきち》「天地の文」による)

(1) ㋐一年一年又一年《いちねんいちねんまたいちねん》とは、どういう意味《いみ》ですか。○をつけましょう。

(　) 一年一年努力《いちねんいちねんどりょく》をする。

(○) 一年一年《いちねんいちねん》を積《つ》み重《かさ》ねる。

(2) ㋑稚《おさな》き時《とき》に怠《おこ》たらばとは、どういう意味《いみ》ですか。

〔おさない〕ときに〔努力〕を怠《おこた》り

(3) 意味《いみ》の文《ぶん》を読《よ》んで、答《こた》えましょう。

① 百年《ひゃくねん》ではおよそ何日《なんにち》ですか。

〔三万六千〕日《にち》。

② 人生《じんせい》はどれぐらいだと書《か》かれていますか。

わずか〔五十〕年《ねん》程度《ていど》である。

13頁

季節《きせつ》の言葉《ことば》
夏《なつ》のさかり (1)

名前

「夏《なつ》」といっても、時期《じき》によって、見《み》られる風景《ふうけい》はさまざまです。「夏《なつ》」には、順《じゅん》に、立夏(五月六日《ごがつむいか》ごろ)・小満(五月二十一日《ごがつにじゅういちにち》ごろ)・芒種(六月六日《ろくがつむいか》ごろ)・夏至(六月二十一日《ろくがつにじゅういちにち》ごろ)・小暑(七月七日《しちがつなのか》ごろ)・大暑(七月二十三日《しちがつにじゅうさんにち》ごろ)の六《むっ》つの言葉《ことば》があります。

(1) 次《つぎ》の言葉《ことば》の読《よ》み方《かた》を□から選《えら》んで書《か》きましょう。

① 立夏 〔りっか〕
② 小満 〔しょうまん〕
③ 芒種 〔ぼうしゅ〕
④ 夏至 〔げし〕
⑤ 小暑 〔しょうしょ〕
⑥ 大暑 〔たいしょ〕

・たいしょ　・りっか　・しょうまん
・ぼうしゅ　・げし　・しょうしょ

(2) 次《つぎ》の㋐～㋕の言葉《ことば》を、季節《きせつ》が来《く》る順番《じゅんばん》にならべかえて□に記号《きごう》で書《か》きましょう。

㋐ 小暑　㋑ 芒種　㋒ 夏至
㋓ 大暑　㋔ 小満　㋕ 立夏

〔㋕〕→〔㋔〕→〔㋑〕→〔㋒〕→〔㋐〕→〔㋓〕

14頁

季節《きせつ》の言葉《ことば》
夏《なつ》のさかり (2)

名前

(1) 次《つぎ》の言葉《ことば》の意味《いみ》にあてはまる説明《せつめい》を下《した》から選《えら》び、――線《せん》で結《むす》びましょう。

① 【りっか】立夏 (五月六日《ごがつむいか》ごろ)
② 【しょうまん】小満 (五月二十一日《ごがつにじゅういちにち》ごろ)
③ 【ぼうしゅ】芒種 (六月六日《ろくがつむいか》ごろ)

・立夏《りっか》から十五日目《じゅうごにちめ》に当《あ》たります。陽気《ようき》がさかんとなり、草木《くさき》が育《そだ》ち、満《み》ちてくるという意味《いみ》の言葉《ことば》です。
・「芒《のぎ》」とは、いねや麦《むぎ》などの実《み》のからにある、はりの形《かたち》をした毛《け》のことです。芒《のぎ》のある穀物《こくもつ》の種《たね》をまくころです。
・こよみのうえで、夏《なつ》が始《はじ》まるとされる日《ひ》です。新緑《しんりょく》や若葉《わかば》に、夏《なつ》の気配《けはい》が感《かん》じられるようになります。

(2) 次《つぎ》の言葉《ことば》の意味《いみ》にあてはまる説明《せつめい》を下《した》から選《えら》び、――線《せん》で結《むす》びましょう。

① 【げし】夏至 (六月二十一日《ろくがつにじゅういちにち》ごろ)
② 【しょうしょ】小暑 (七月七日《しちがつなのか》ごろ)
③ 【たいしょ】大暑 (七月二十三日《しちがつにじゅうさんにち》ごろ)

・晴《は》れた日《ひ》が続《つづ》き、一年《いちねん》のうちでいちばん暑《あつ》さがきびしいころです。
・つゆが終《お》わりに近《ちか》づくころです。この日《ひ》から「暑中《しょちゅう》(夏《なつ》の暑《あつ》さがさかんな時期《じき》)」に入《はい》り、暑《あつ》さが増《ま》してくるころです。
・一年《いちねん》のうちで、昼《ひる》が最《もっと》も長《なが》く、夜《よる》が最《もっと》も短《みじか》い日《ひ》です。昔《むかし》のこよみでは、夏《なつ》の真《ま》ん中《なか》とされました。

15頁

森《もり》へ (1)

名前

● 次《つぎ》の文章《ぶんしょう》を二回《にかい》読《よ》んで、答《こた》えましょう。

1

辺《あた》りをゆっくりと見《み》わたし、小《ちい》さな音《おと》にも耳《みみ》をそばだてて歩《ある》いていると、だんだん不思議《ふしぎ》な気持《きも》ちになってきました。

いつのまにか、㋐まるで、自分《じぶん》がクマの目《め》になって、この森《もり》をながめているみたいなのです。

※そばだてる…聞《き》こうとして注意《ちゅうい》を集中《しゅうちゅう》する。

2

心《こころ》が静《しず》まるにつれ、森《もり》は、少《すこ》しずつぼくにやさしくなってくるようでした。

「もしクマが反対《はんたい》からやって来《き》たら、そっと道《みち》をゆずってやればいいのだ。」

そんなことも考《かんが》え始《はじ》めていました。


(令和二年度版　光村図書　国語　六　創造　星野《ほしの》　道夫《みちお》)

1

(1) 耳《みみ》をそばだてて歩《ある》いていると、だんだんどんな気持《きも》ちになってきましたか。

〔不思議〕な気持《きも》ち。

(2) ㋐まるで、自分《じぶん》が何《なに》になって、この森《もり》をながめているみたいなのですか。

〔クマの目〕

2

(1) 森《もり》は、少《すこ》しずつぼくにどうなってくるようでしたか。

〔やさしく〕なってくるようでした。

(2) もしクマが反対《はんたい》からやって来《き》たら、どうしたらよいと考《かんが》え始《はじ》めていましたか。○をつけましょう。

(○) そっと道《みち》をゆずってやればいい。

(　) そっと道《みち》を進《すす》んでいけばいい。

解答例

16頁

森《もり》へ　(2)

名前

● 次《つぎ》の文章《ぶんしょう》を二回《にかい》読《よ》んで、答《こた》えましょう。

1

ふと気《き》がつくと、
道《みち》の真《ま》ん中《なか》に、
大《おお》きな黒《くろ》いかたまりが
落《お》ちていました。
なんだろうと思《おも》って近《ちか》づくと、
それは、クマの古《ふる》いふんでした。

2

おどろいたことに、
そのふんの中《なか》から、
白《しろ》いキノコが
たくさんのびています。
あんまりきれいなので、ぼくは
地面《じめん》に体《からだ》をふせ、クマのふんに
ぐっと顔《かお》を近《ちか》づけてみました。
いつか㋐北極圏《ほっきょくけん》のツンドラで見《み》た、
古《ふる》い動物《どうぶつ》の骨《ほね》の周《まわ》りにさく
花々《はなばな》を思《おも》い出《だ》しました。
厳《きび》しい自然《しぜん》では、
わずかな栄養分《えいようぶん》も
むだにはならないのです。

（令和二年度版　光村図書　国語　六　創造　星野《ほしの》　道夫《みちお》）

1

(1) 道《みち》の真《ま》ん中《なか》にどんなかたまりが落《お》ちていましたか。

大きな黒いかたまり。

(2) 落《お》ちていたかたまりは、何《なん》ですか。

クマの古いふん。

2

(1) ふんの中《なか》から、何《なに》がのびていますか。

白いキノコ

(2) ㋐北極圏《ほっきょくけん》のツンドラで見《み》た、何《なに》を思《おも》い出《だ》しましたか。

古い動物の骨の周《まわ》りにさく花々《はなばな》。

17頁

森《もり》へ　(3)

名前

● 次《つぎ》の文章《ぶんしょう》を二回《にかい》読《よ》んで、答《こた》えましょう。

1

㋐クマの道《みち》は、しだいに
分《わ》かれ道《みち》が多《おお》くなり、
いつのまにか、森《もり》の中《なか》に
消《き》えてゆくようでした。
ときどきは、高《たか》いやぶを
かき分《わ》けて進《すす》まなくては
なりません。㋑そんなとき、
倒木《とうぼく》は、森《もり》にかかる橋《はし》のように
歩《ある》きやすい道《みち》となりました。

※倒木《とうぼく》…たおれた木《き》。

2

倒木《とうぼく》の道《みち》には、ところどころに、
アカリスがトウヒの実《み》を
食《た》べた からが積《つ》まれています。
動物《どうぶつ》たちも、この㋒自然《しぜん》の道《みち》を
利用《りよう》しているのです。
今度《こんど》は、森《もり》のリスに
なったような気分《きぶん》で、
㋓倒木《とうぼく》の上《うえ》を歩《ある》きました。

（令和二年度版　光村図書　国語　六　創造　星野《ほしの》　道夫《みちお》）

1

(1) ㋐クマの道《みち》は、どうなってゆくようでしたか。

しだいに分かれ道が多《おお》くなり、いつのまにか、森《もり》の中《なか》に消えてゆくようでした。

(2) ㋑そんなときとは、どんなときですか。○をつけましょう。

(　) 森《もり》の中《なか》の分《わ》かれ道《みち》にきたとき。
(○) 高《たか》いやぶをかき分《わ》けて進《すす》まなくてはならないとき。

2

(1) この㋒自然《しぜん》の道《みち》には、何《なに》が積《つ》まれていますか。

アカリスがトウヒの実を食《た》べた からが積《つ》まれています。

(2) ㋓倒木《とうぼく》の上《うえ》を歩《ある》きましたか。今度《こんど》は、何《なに》になったような気分《きぶん》で、

森のリス。

18頁

森《もり》へ　(4)

名前

● 次《つぎ》の文章《ぶんしょう》を二回《にかい》読《よ》んで、答《こた》えましょう。

1

水《みず》の音《おと》が聞《き》こえてきました。
しばらくすると、㋐視界《しかい》が開《ひら》け、
森《もり》の中《なか》を流《なが》れる川《かわ》に出《で》ました。
㋑岸《きし》に立《た》つと、水《みず》の流《なが》れは、
川底《かわぞこ》の岩《いわ》の色《いろ》なのか、
黒《くろ》くしずんで
見《み》えました。

2

水《みず》を飲《の》もうと水面《すいめん》に
顔《かお》を近《ちか》づけ、
㋒びっくりしてしまいました。
川底《かわぞこ》の色《いろ》だと思《おも》ったのは、
産卵《さんらん》のために川《かわ》を上《のぼ》る
サケの大群《たいぐん》だったのです。

（令和二年度版　光村図書　国語　六　創造　星野《ほしの》　道夫《みちお》）

1

(1) ㋐視界《しかい》が開《ひら》けとは、どんな様子《ようす》ですか。○をつけましょう。

(○) 広々《ひろびろ》とした景色《けしき》が広《ひろ》がる。
(　) 目《め》の前《まえ》がまぶしくなる。

(2) ㋑岸《きし》に立《た》つと、水《みず》の流《なが》れは、どのように見《み》えましたか。

水《みず》の流《なが》れは、川底の岩の色《いろ》なのか、黒くしずんで見《み》えました。

2

(1) 何《なに》に、㋒びっくりしてしまいましたか。

川底《かわぞこ》の色《いろ》だと思《おも》ったのは、産卵のために川《かわ》を上《のぼ》るサケの大群だったから。

19頁

森《もり》へ　(5)

名前

● 次《つぎ》の文章《ぶんしょう》を二回《にかい》読《よ》んで、答《こた》えましょう。

ぼくは、はだしになって
川《かわ》に入《はい》りました。
静《しず》かに手《て》を水《みず》の中《なか》に入《い》れ、
やっと一《いっ》ぴきのサケを
つかむと、ああ、
なんと強《つよ》い力《ちから》を
もっているのでしょう。
ばねのように身《み》を大《おお》きく
曲《ま》げながら、はじけるように、
ぼくの㋐手《て》から飛《と》びぬけて
ゆくのです。
もうおもしろくて
たまりません。
ぼくは、ずぶぬれに
なりながら、
何度《なんど》も
同《おな》じことを
くり返《かえ》しました。

（令和二年度版　光村図書　国語　六　創造　星野《ほしの》　道夫《みちお》）

(1) ぼくがつかんだサケは、どのように ぼくの㋐手《て》から飛《と》びぬけてゆくのですか。

ばねのように身《み》を大きく曲《ま》げながら、はじけるように、手《て》から飛《と》びぬけてゆくのです。

(2) ぼくがしたことを順《じゅん》に書《か》きましょう。

① はだしになって川に入《はい》りました。

② 静《しず》かに手《て》を水の中に入《い》れ、やっと一《いっ》ぴきのサケをつかむ。

③ ぼくは、ずぶぬれになりながら、何度も同じことをくり返《かえ》しました。

解答例

本書の解答は，あくまでもひとつの例です。児童に取り組ませる前に，必ず指導される方が問題を解いてください。指導される方の作られた解答をもとに，児童の多様な考えに寄り添って○つけをお願いします。

20 頁

森《もり》へ (6)

名前

● 次《つぎ》の文章《ぶんしょう》を二回《にかい》読《よ》んで、答《こた》えましょう。

1

ふっと前《まえ》を見《み》ると、
㋐対岸《たいがん》の岩《いわ》の上《うえ》から、
クロクマの親子《おやこ》が、
じっとぼくを
見《み》ているではないですか。
ぼくは、あわてて
岸《きし》をかけ上《あ》がりました。
すると、㋑なんてことでしょう。
川《かわ》の上流《じょうりゅう》にも下流《かりゅう》にも、
いつのまにか、
クマがあちこちにいるのです。

2

今《いま》、この森《もり》の川《かわ》は、サケを
食《た》べに来《く》るクマの世界《せかい》でした。
㋒見上《みあ》げれば、子《こ》グマが木《き》の上《うえ》で
ねています。どうして今《いま》まで
気《き》がつかなかったのだろう。

(令和二年度版 光村図書 国語 六 創造 星野《ほしの》 道夫《みちお》)

1

(1) ㋐対岸《たいがん》の岩《いわ》の上《うえ》から、じっとぼくを見《み》ているのは何《なん》ですか。

クロクマの親子。

(2) ㋑なんてことでしょうとありますが、どんな様子《ようす》になっているのですか。

川 の上流《じょうりゅう》にも下流《かりゅう》にも、いつのまにか、クマ が あちこち にいるのです。

2

(1) 今《いま》、この森《もり》の川《かわ》は、どんなクマの世界《せかい》でしたか。

サケ を食《た》べに来《く》るクマの世界《せかい》。

(2) ㋒見上《みあ》げれば、子《こ》グマがどこでどうしていますか。

木の上でねています。

21 頁

森《もり》へ (7)

名前

● 次《つぎ》の文章《ぶんしょう》を二回《にかい》読《よ》んで、答《こた》えましょう。

すでに一生《いっしょう》を終《お》えたサケ㋐が、
たくさん流《なが》れてきています。
「サケが森《もり》を作《つく》る。」
アラスカの森《もり》に生《い》きる人《ひと》たちの
㋑古《ふる》いことわざです。
産卵《さんらん》を終《お》えて死《し》んだ
無数《むすう》のサケが、
上流《じょうりゅう》から下流《かりゅう》へと
流《なが》されながら、
㋒森《もり》の自然《しぜん》に
栄養《えいよう》をあたえてゆくから
なのです。

(令和二年度版 光村図書 国語 六 創造 星野《ほしの》 道夫《みちお》)

(1) ㋐どんなサケが、たくさん流《なが》れてきていますか。

すでに 一生 を 終えた サケ。

(2) アラスカの森《もり》に生《い》きる人《ひと》たちの㋑古《ふる》いことわざは何《なん》ですか。

「サケが森を作る」。

(3) 何《なに》が、㋒森《もり》の自然《しぜん》に栄養《えいよう》をあたえてゆくのですか。

産卵 を終《お》えて 死んだ 無数《むすう》の サケ。

22 頁

せんねん まんねん (1)

名前

● 次《つぎ》の詩《し》を二回《にかい》読《よ》んで、答《こた》えましょう。

せんねん まんねん

まど・みちお

いつかのっぽのヤシの木《き》になるために
㋐そのヤシのみが地《じ》べたに落《お》ちる
その地《じ》ひびきでミミズがとびだす
そのミミズをヘビがのむ
そのヘビをワニがのむ
そのワニを川《かわ》がのむ
その川《かわ》の岸《きし》ののっぽのヤシの木《き》の中《なか》を
昇《のぼ》っていくのは
今《いま》まで土《つち》の中《なか》でうたっていた清水《しみず》
その清水《しみず》は昇《のぼ》って昇《のぼ》って昇《のぼ》りつめて
㋑ヤシのみの中《なか》で眠《ねむ》る

(令和二年度版 光村図書 国語 六 創造 まど・みちお)

(1) ㋐ヤシのみが地《じ》べたに落《お》ちるのは、何《なん》のためですか。一《ひと》つに○をつけましょう。

( ) いつかのっぽのヤシの木《き》の中《なか》で眠《ねむ》るため。

(○) いつかのっぽのヤシの木《き》になるため。

( ) いつか地《じ》ひびきでヤシの木《き》がとびだすため。

(2) 何《なに》を何《なに》がのむのですか。

① ミミズを ヘビ がのむ

② ヘビを ワニ がのむ

③ ワニを 川 がのむ

(3) ㋑ヤシのみの中《なか》で眠《ねむ》るのは、何《なん》ですか。

今《いま》まで 土の中 でうたっていた 清水

23 頁

せんねん まんねん (2)

名前

● 次《つぎ》の詩《し》を二回《にかい》読《よ》んで、答《こた》えましょう。

その眠《ねむ》りが夢《ゆめ》でいっぱいになると
いつかのっぽのヤシの木《き》になるために
そのヤシのみが地《じ》べたに落《お》ちる
㋐その地《じ》ひびきでミミズがとびだす
そのミミズをヘビがのむ
そのヘビをワニがのむ
そのワニを川《かわ》がのむ
その川《かわ》の岸《きし》に
まだ人《ひと》がやって来《こ》なかったころの
はるなつあきふゆ　はるなつあきふゆの
ながいみじかい　せんねんまんねん

(令和二年度版 光村図書 国語 六 創造 まど・みちお)

(1) ㋐地《じ》ひびきについて答《こた》えましょう。

① ㋐地《じ》ひびきがおきたのは、なぜですか。○をつけましょう。

(○) ヤシのみが地《じ》べたに落《お》ちたから。

( ) ミミズがヘビをのんだから。

② その㋐地《じ》ひびきで何《なに》がとびだしましたか。

ミミズ

(2) 「はるなつあきふゆ」の二回《にかい》のくり返《かえ》しから、どんなことを表《あらわ》していると思《おも》われますか。○をつけましょう。

( ) 季節《きせつ》の順番《じゅんばん》がわかるようにすること。

(○) 季節《きせつ》が何年《なんねん》もくり返《かえ》されること。

24頁

やまなし (1)

名前

● 次《つぎ》の文章《ぶんしょう》を二回《にかい》読《よ》んで、答《こた》えましょう。

1

かにの子《こ》どもらは
もうよほど大《おお》きくなり、
㋐底《そこ》の景色《けしき》も夏《なつ》から秋《あき》の間《あいだ》に
すっかり変《か》わりました。
白《しろ》いやわらかな丸石《まるいし》も
転《ころ》がってき、
小《ちい》さなきりの形《かたち》の
水晶《すいしょう》のつぶや
金雲母《きんうんも》のかけらも、
㋑流《なが》れてきて止《と》まりました。

2

その冷《つめ》たい水《みず》の底《そこ》まで、
ラムネのびんの月光《げっこう》が
いっぱいにすき通《とお》り、天井《てんじょう》では、
波《なみ》が青白《あおじろ》い火《ひ》を燃《も》やしたり
消《け》したりしているよう。
辺《あた》りはしんとして、
ただ、いかにも遠《とお》くからと
いうように、その波《なみ》の音《おと》が
ひびいてくるだけです。

（令和二年度版　光村図書　国語　六　創造　宮沢《みやざわ》　賢治《けんじ》）

1

(1) ㋐底《そこ》の景色《けしき》はいつの季節《きせつ》からいつの季節《きせつ》の間《あいだ》にすっかり変《か》わりましたか。

〔 夏 から 秋 の間《あいだ》。 〕

(2) 何《なに》が、㋑流《なが》れてきて止《と》まりましたか。二《ふた》つに○をつけましょう。

( ) かにの子《こ》ども
(○) 金雲母《きんうんも》のかけら
( ) ラムネのびん
(○) 小《ちい》さなきりの形《かたち》の水晶《すいしょう》のつぶ

2

(1) 冷《つめ》たい水《みず》の底《そこ》まで、いっぱいにすき通《とお》っていたのは、何《なん》ですか。

〔 ラムネのびん の月光《げっこう》。 〕

(2) 辺《あた》りはしんとして、何《なに》がひびいてくるだけですか。

波の音

25頁

やまなし (2)

名前

● 次《つぎ》の文章《ぶんしょう》を二回《にかい》読《よ》んで、答《こた》えましょう。

1

かにの子《こ》どもらは、
あんまり月《つき》が明《あか》るく
水《みず》がきれいなので、
㋐ねむらないで外《そと》に出《で》て、
しばらくだまって
あわをはいて
天井《てんじょう》の方《ほう》を
見《み》ていました。

2

㋐「やっぱり、ぼくのあわは
大《おお》きいね。」
㋑「兄《にい》さん、
わざと大《おお》きく
はいているんだい。
ぼくだって、
わざとならもっと大《おお》きく
はけるよ。」

（令和二年度版　光村図書　国語　六　創造　宮沢《みやざわ》　賢治《けんじ》）

1

(1) かにの子《こ》どもらが、㋐ねむらないで外《そと》に出《で》ていたのは、なぜですか。

〔 あんまり 月 が明《あか》るく 水 がきれいだから。 〕

(2) かにの子《こ》どもらは、何《なに》をはいて天井《てんじょう》の方《ほう》を見《み》ていましたか。

あわ

2

(1) ㋐㋑は、かにの子《こ》どもらの兄《あに》と弟《おとうと》のどちらが言《い》った言葉《ことば》ですか。

㋐〔 兄 のかに。 〕
㋑〔 弟 のかに。 〕

(2) かにの子《こ》どもらは、何《なん》の大《おお》きさを比《くら》べていますか。

〔 あわ の大《おお》きさ。 〕

26頁

やまなし (3)

名前

● 次《つぎ》の文章《ぶんしょう》を二回《にかい》読《よ》んで、答《こた》えましょう。

㋐「はいてごらん。
おや、たったそれきり
だろう。いいかい、
兄《にい》さんがはくから
見《み》ておいで。そら、ね、
大《おお》きいだろう。」
㋔「大《おお》きかないや、
おんなじだい。」
㋐「㋐近《ちか》くだから、
自分《じぶん》のが大《おお》きく
見《み》えるんだよ。
そんならいっしょに
はいてみよう。
いいかい、そら。」
㋔「やっぱりぼくのほう、
大《おお》きいよ。」
㋐「本当《ほんとう》かい。じゃ、
も一《ひと》つはくよ。」
㋔「㋑だめだい、そんなに
のび上《あ》がっては。」

（令和二年度版　光村図書　国語　六　創造　宮沢《みやざわ》　賢治《けんじ》）

(1) 上《うえ》は、かにの子《こ》どもらが会話《かいわ》をしている文章《ぶんしょう》です。兄《あに》の言葉《ことば》には㋐、弟《おとうと》の言葉《ことば》には㋔を、上《うえ》の（ ）に書《か》きましょう。

(2) ㋐近《ちか》くだから、どう見《み》えるんだよと言《い》っていますか。

〔 自分 のが 大きく 見《み》えるんだよ。 〕

(3) ㋑だめだいとありますが、何《なに》がだめなのですか。○をつけましょう。

( ) いっしょにはくこと。
(○) のび上《あ》がってはくこと。

27頁

やまなし (4)

名前

● 次《つぎ》の文章《ぶんしょう》を二回《にかい》読《よ》んで、答《こた》えましょう。

また、お父《とう》さんのかにが
出《で》てきました。
「もうねろねろ。おそいぞ。
あしたイサドへ
連《つ》れていかんぞ。」
「お父《とう》さん、ぼくたちのあわ、
どっち大《おお》きいの。」
「それは兄《にい》さんのほうだろう。」
㋐「そうじゃないよ。ぼくのほう、
大《おお》きいんだよ。」
㋐弟《おとうと》のかには泣《な》きそうに
なりました。

※イサド…作者《さくしゃ》が想像《そうぞう》して作《つく》った町《まち》の名前《なまえ》。

（令和二年度版　光村図書　国語　六　創造　宮沢《みやざわ》　賢治《けんじ》）

(1) また、だれが出《で》てきましたか。

〔 お父さんのかに 〕

(2) あしたお父《とう》さんは子《こ》どものかにを、どこへ連《つ》れていきますか。

イサド

(3) お父《とう》さんは、どちらのあわが大《おお》きいと言《い》いましたか。○をつけましょう。

(○) 兄《にい》さんのかに
( ) 弟《おとうと》のかに

(4) ㋐は、だれが言《い》った言葉《ことば》ですか。

〔 弟のかに 〕

(5) ㋐弟《おとうと》のかには泣《な》きそうになりましたとありますが、なぜですか。○をつけましょう。

( ) イサドに連《つ》れていってもらえないから。
(○) 兄《にい》さんのかにのあわのほうが、大《おお》きいと言《い》われたから。

本書の解答は，あくまでもひとつの例です。児童に取り組ませる前に，必ず指導される方が問題を解いてください。指導される方の作られた解答をもとに，児童の多様な考えに寄り添って○つけをお願いします。

28 頁

やまなし (5)

名前

● 次《つぎ》の文章《ぶんしょう》を二回《にかい》読《よ》んで、答《こた》えましょう。

1

そのとき、トブン。㋐
㋑黒《くろ》い丸《まる》い大《おお》きなものが、天井《てんじょう》から落《お》ちてずうっとしずんで、また上《うえ》へ上《のぼ》っていきました。きらきらっと黄金《きん》のぶちが光《ひか》りました。
「かわせみだ。」
子《こ》どもらのかには、首《くび》をすくめて言《い》いました。

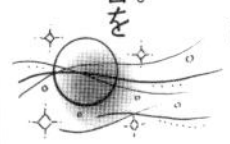

2

お父《とう》さんのかには、遠眼鏡《とおめがね》のような両方《りょうほう》の目《め》をあらんかぎりのばして、よくよく見《み》てから言《い》いました。

「そうじゃない。㋒あれはやまなしだ。流《なが》れていくぞ。ついていってみよう。ああ、いいにおいだな。」

※遠眼鏡《とおめがね》…望遠鏡《ぼうえんきょう》のこと。
※あらんかぎり…あるだけ全部《ぜんぶ》。

（令和二年度版　光村図書　国語　六　創造　宮沢《みやざわ》　賢治《けんじ》）

1

(1) ㋐トブンとは、何《なに》が落《お》ちてくる様子《ようす》を表《あらわ》していますか。

〔 黒い丸い 大《おお》きなもの。〕

(2) ㋑黒《くろ》い丸《まる》い大《おお》きなものを、子《こ》どもらのかには何《なん》だと言《い》いましたか。

〔 かわせみ 〕

2

(1) お父《とう》さんのかにの両方《りょうほう》の目《め》は何《なん》のようですか。

〔 遠眼鏡 〕

(2) お父《とう》さんのかには何《なに》を、㋒あれはやまなしだと言《い》いましたか。○をつけましょう。

（　）遠眼鏡《とおめがね》のような両方《りょうほう》の目《め》。

（○）黒《くろ》い丸《まる》い大《おお》きなもの。

29 頁

やまなし (6)

名前

● 次《つぎ》の文章《ぶんしょう》を二回《にかい》読《よ》んで、答《こた》えましょう。

1

なるほど、そこらの月明《つきあ》かりの水《みず》の中《なか》は、やまなしのいいにおいでいっぱいでした。

三《さん》びきは、ぼかぼか流《なが》れていくやまなしの後《あと》を追《お》いました。

その横歩《よこある》きと、底《そこ》の黒《くろ》い㋐三《みっ》つのかげ法師《ぼうし》が、合《あ》わせて六《むっ》つ、おどるようにして、やまなしの㋑円《まる》いかげを追《お》いました。

2

まもなく、水《みず》はサラサラ鳴《な》り、天井《てんじょう》の波《なみ》はいよいよ青《あお》いほのおを上《あ》げ、やまなしは横《よこ》になって木《き》の枝《えだ》に引《ひ》っかかって止《と》まり、㋒その上《うえ》には、月光《げっこう》のにじがもかもか集《あつ》まりました。

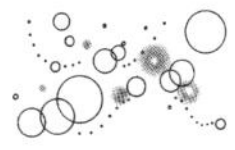

（令和二年度版　光村図書　国語　六　創造　宮沢《みやざわ》　賢治《けんじ》）

1

(1) 月明《つきあ》かりの水《みず》の中《なか》は、何《なに》でいっぱいでしたか。

〔 やまなし の いいにおい で いっぱいでした。〕

(2) ㋐㋑は何《なん》のかげですか。線《せん》で結《むす》びましょう。

㋐三《みっ》つのかげ法師《ぼうし》 ― かにの親子《おやこ》
㋑円《まる》いかげ ― やまなし

2

(1) やまなしは何《なに》に引《ひ》っかかって止《と》まりましたか。

〔 木の枝 〕

(2) ㋒その上《うえ》には、何《なに》がもかもか集《あつ》まりましたか。

〔 月光 の にじ。〕

30 頁

やまなし (7)

名前

● 次《つぎ》の文章《ぶんしょう》を二回《にかい》読《よ》んで、答《こた》えましょう。

1

「どうだ、やっぱりやまなしだよ。よく熟《じゅく》している。いいにおいだろう。」

「おいしそうだね、お父《とう》さん。」

「待《ま》て待《ま》て。もう二日《ふつか》ばかり待《ま》つとね、㋐こいつは下《した》へしずんでくる。それから、ひとりでに㋑おいしいお酒《さけ》ができるから。さあ、もう帰《かえ》ってねよう。おいで。」

2

親子《おやこ》のかには三《さん》びき、自分《じぶん》らの穴《あな》に帰《かえ》っていきます。

波《なみ》は、いよいよ青白《あおじろ》いほのおをゆらゆらと上《あ》げました。それはまた、金剛石《こんごうせき》の粉《こな》をはいているようでした。

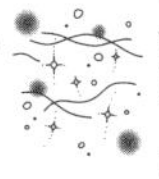

※金剛石《こんごうせき》…ダイヤモンドのこと。

（令和二年度版　光村図書　国語　六　創造　宮沢《みやざわ》　賢治《けんじ》）

1

(1) やまなしがいいにおいがするのは、なぜですか。

〔 よく熟して いるから。〕

(2) ㋐こいつとは、何《なん》のことですか。

〔 やまなし 〕

(3) お父《とう》さんのかには、やまなしは下《した》へしずんでくると、㋑ひとりでに何《なに》ができると、言《い》っていますか。

〔 おいしいお酒 〕

2

(1) 親子《おやこ》のかには、どこへ帰《かえ》っていきますか。

〔 自分 らの 穴。〕

(2) 波《なみ》が青白《あおじろ》いほのおをゆらゆらと上《あ》げる様子《ようす》は、何《なに》をはいているようでしたか。○をつけましょう。

（○）金剛石《こんごうせき》の粉《こな》。

（　）親子《おやこ》のかにのあわ。

31 頁

イーハトーヴの夢《ゆめ》 (1)

名前

● 次《つぎ》の文章《ぶんしょう》を二回《にかい》読《よ》んで、答《こた》えましょう。

宮沢賢治《みやざわけんじ》は、一八九六年《せんはっぴゃくきゅうじゅうろくねん》（明治二十九年《めいじにじゅうくねん》）八月二十七日《はちがつにじゅうななにち》、岩手県《いわてけん》の花巻《はなまき》に生《う》まれた。

津波《つなみ》や洪水《こうずい》、地震《じしん》と、次々《つぎつぎ》に災害《さいがい》にみまわれた年《とし》だった。六月《ろくがつ》、三陸大津波《さんりくおおつなみ》。七月《しちがつ》、大雨《おおあめ》による洪水《こうずい》。八月《はちがつ》、陸羽大地震《りくうおおじしん》。そして九月《くがつ》には、またまた大雨《おおあめ》、洪水《こうずい》。
それによる伝染病《でんせんびょう》の流行《りゅうこう》。
次々《つぎつぎ》におそった災害《さいがい》のために、岩手県内《いわてけんない》だけでも五万人《ごまんにん》以上《いじょう》がなくなるという大変《たいへん》な年《とし》だった。

（令和二年度版　光村図書　国語　六　創造　畑山《はたやま》　博《ひろし》）

(1) 宮沢賢治《みやざわけんじ》は、どこで生《う》まれましたか。

〔 岩手県 の花巻《はなまき》。〕

(2) 賢治《けんじ》が生《う》まれた年《とし》について答《こた》えましょう。

① 何年《なんねん》に生《う》まれましたか。

〔 一八九六年（明治二十九年）〕

② どんな年《とし》でしたか。

〔 津波《つなみ》や洪水《こうずい》、地震《じしん》と、次々《つぎつぎ》に 災害 に みまわれた年《とし》。〕

③ 大雨《おおあめ》による洪水《こうずい》は、何月《なんがつ》におこりましたか。二《ふた》つに○をつけましょう。

（○）七月《しちがつ》　（　）六月《ろくがつ》
（○）九月《くがつ》　（　）八月《はちがつ》

④ 何《なに》が流行《りゅうこう》しましたか。

〔 伝染病 〕

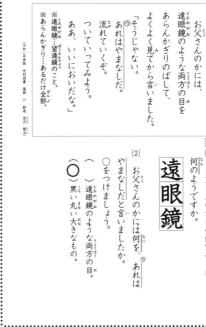

32頁

イーハトーヴの夢《ゆめ》 (2)

名前

● 次《つぎ》の文章《ぶんしょう》を二回《にかい》読《よ》んで、答《こた》えましょう。

1

家《いえ》の職業《しょくぎょう》は質店《しちてん》。
㋐裕福《ゆうふく》な暮《く》らしだった。
賢治《けんじ》はそこの長男《ちょうなん》。
後《のち》に四人《よにん》の兄弟《きょうだい》が生《う》まれる。

※質店《しちてん》…品物《しなもの》をあずかり、代《か》わりにお金《かね》を貸《か》す店《みせ》。
※長男《ちょうなん》…一番目《いちばんめ》に生《う》まれた男子《だんし》。

1

(1) ㋐裕福《ゆうふく》な暮《く》らしとは、どんな暮《く》らしですか。○をつけましょう。

( ) お金《かね》がなく、まずしい暮《く》らし。
(○) お金《かね》があって、豊《ゆた》かな暮《く》らし。

(2) 賢治《けんじ》は何人兄弟《なんにんきょうだい》の何番目《なんばんめ》ですか。

五 人兄弟《にんきょうだい》の **一** 番目《ばんめ》。

2

小学校六年生《しょうがっこうろくねんせい》のころの賢治《けんじ》は、
身長《しんちょう》が
百三十三《ひゃくさんじゅうさん》・九《きゅう》センチメートル。
体重二十九《たいじゅうにじゅうきゅう》キログラム。
丸顔《まるがお》で色白《いろじろ》。性格《せいかく》はおとなしく、
一人遊《ひとりあそ》びが好《す》きだった。
その一人遊《ひとりあそ》びは、石集《いしあつ》め。
石《いし》を観察《かんさつ》することが大好《だいす》きで、
よく近《ちか》くの野山《のやま》に出《で》かけては
集《あつ》めてきた。
そのため、みんなが
「石《いし》こ賢《けん》さん」とよんだ。

（令和二年度版　光村図書　国語　六　創造　畑山《はたやま》　博《ひろし》）

2

(1) 小学校六年生《しょうがっこうろくねんせい》のころの賢治《けんじ》について、あてはまるものに○をつけましょう。

( ) 色白《いろじろ》で、性格《せいかく》は活発《かっぱつ》、友《とも》だちと遊《あそ》ぶのが好《す》きな子《こ》。
(○) 丸顔《まるがお》で、性格《せいかく》はおとなしく、一人遊《ひとりあそ》びが好《す》きな子《こ》。

(2) 賢治《けんじ》の好《す》きな一人遊《ひとりあそ》びは何《なん》ですか。

石集め

(3) みんなが「石《いし》こ賢《けん》さん」とよんだのは、なぜですか。

石《いし》を **観察** することが大好《だいす》きで、よく近《ちか》くの **野山** に出《で》かけては集《あつ》めてきたから。

33頁

イーハトーヴの夢《ゆめ》 (3)

名前

● 次《つぎ》の文章《ぶんしょう》を二回《にかい》読《よ》んで、答《こた》えましょう。

1

賢治《けんじ》が中学《ちゅうがく》に入学《にゅうがく》した年《とし》も、
自然災害《しぜんさいがい》のために
農作物《のうさくぶつ》がとれず、
農民《のうみん》たちは大変《たいへん》な苦《くる》しみを
味《あじ》わった。その次《つぎ》の年《とし》も、
また洪水《こうずい》。

1

(1) 賢治《けんじ》が中学《ちゅうがく》に入学《にゅうがく》した年《とし》、農民《のうみん》たちが大変《たいへん》な苦《くる》しみを味《あじ》わったのは、なぜですか。

自然災害 のために **農作物** がとれなかったから。

(2) その次《つぎ》の年《とし》も、どんな災害《さいがい》がありましたか。○をつけましょう。

(○) 洪水《こうずい》　( ) 地震《じしん》

2

「なんとかして農作物《のうさくぶつ》の
被害《ひがい》を少《すく》なくし、
人々《ひとびと》が安心《あんしん》して
田畑《たはた》を耕《たがや》せるように
できないものか。」
賢治《けんじ》は必死《ひっし》で
考《かんが》えた。

（令和二年度版　光村図書　国語　六　創造　畑山《はたやま》　博《ひろし》）

2

(1) 賢治《けんじ》が必死《ひっし》で考《かんが》えたことは何《なん》ですか。

「なんとかして **農作物** の被害《ひがい》を **少なく** し、人々《ひとびと》が **安心** して田畑《たはた》を **耕せる** ようにできないものか。」

34頁

イーハトーヴの夢《ゆめ》 (4)

名前

● 次《つぎ》の文章《ぶんしょう》を二回《にかい》読《よ》んで、答《こた》えましょう。

1

「そのために一生《いっしょう》を
ささげたい。それにはまず、㋐
最新《さいしん》の農業技術《のうぎょうぎじゅつ》を学《まな》ぶことだ。」
そう思《おも》った賢治《けんじ》は、
盛岡高等農林学校《もりおかこうとうのうりんがっこう》に入学《にゅうがく》する。
成績《せいせき》は優秀《ゆうしゅう》。卒業《そつぎょう》のときに、
教授《きょうじゅ》から、研究室《けんきゅうしつ》に残《のこ》って
学者《がくしゃ》の道《みち》に進《すす》まないかと
さそわれる。
でも賢治《けんじ》は、㋑それを断《ことわ》る。

1

(1) 賢治《けんじ》はまず㋐、何《なに》を学《まな》ぶことにしましたか。

最新 の **農業技術**。

(2) ㋑それを断《ことわ》るとありますが、何《なに》を断《ことわ》りましたか。○をつけましょう。

(○) 学者《がくしゃ》の道《みち》に進《すす》むこと。
( ) 農学校《のうがっこう》の先生《せんせい》になること。

2

そして、ちょうど花巻《はなまき》に
できたばかりの
農学校《のうがっこう》の先生《せんせい》になる。
二十五《にじゅうご》さいの冬《ふゆ》だった。
「いねの心《こころ》が分《わ》かる
人間《にんげん》になれ。」
それが
生徒《せいと》たちへの口《くち》ぐせだった。

（令和二年度版　光村図書　国語　六　創造　畑山《はたやま》　博《ひろし》）

2

(1) 賢治《けんじ》は、二十五《にじゅうご》さいの冬《ふゆ》、何《なに》になりましたか。

農学校の先生。

(2) 賢治《けんじ》の生徒《せいと》たちへの口《くち》ぐせは何《なん》でしたか。

「 **いねの心が分かる** 人間《にんげん》になれ。」

35頁

イーハトーヴの夢《ゆめ》 (5)

名前

● 次《つぎ》の文章《ぶんしょう》を二回《にかい》読《よ》んで、答《こた》えましょう。

1

また、こんな言葉《ことば》を
覚《おぼ》えている教《おし》え子《ご》もいる。
「農学校《のうがっこう》の『農《のう》』という字《じ》を、
じっと見《み》つめてみてください。
『農《のう》』の字《じ》の上半分《うえはんぶん》の
『曲《きょく》』は、大工《だいく》さんの使《つか》う
曲尺《かねじゃく》のことです。そして下《した》の
『辰《しん》』は、時《とき》という意味《いみ》です。
年《とし》とか季節《きせつ》という意味《いみ》も
あります。」

1

(1) 賢治《けんじ》は、『農《のう》』の字《じ》の上半分《うえはんぶん》の『曲《きょく》』は、何《なん》のことだと言《い》いましたか。

大工《だいく》さんの使《つか》う **曲尺** のこと。

(2) 賢治《けんじ》は、『農《のう》』の字《じ》の下《した》の『辰《しん》』は、何《なん》という意味《いみ》だと言《い》いましたか。三《みっ》つに○をつけましょう。

(○) 年《とし》　(○) 季節《きせつ》
(○) 時《とき》　( ) 気候《きこう》

2

㋐曲尺《かねじゃく》というのは、
直角《ちょっかく》に曲《ま》がった
ものさしのことだ。
それを使《つか》うと、一度《いちど》に
二《ふた》つの方向《ほうこう》の寸法《すんぽう》が測《はか》れる。
だから賢治《けんじ》の言葉《ことば》は、
㋑「その年《とし》の気候《きこう》の特徴《とくちょう》を、
いろんな角度《かくど》から見《み》て、しっかり
つかむことが大切《たいせつ》です。」
という意味《いみ》になる。

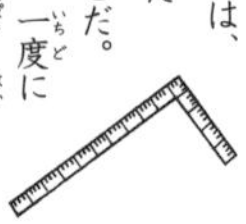

（令和二年度版　光村図書　国語　六　創造　畑山《はたやま》　博《ひろし》）

2

(1) ㋐曲尺《かねじゃく》というのは、どんなものさしのことですか。

直角に曲がった ものさし。

(2) 賢治《けんじ》は、『農《のう》』という字《じ》から、㋑その年《とし》の気候《きこう》の特徴《とくちょう》をどのように見《み》て、しっかりつかむことが大切《たいせつ》だと伝《つた》えたかったのですか。○をつけましょう。

(○) いろんな角度《かくど》。
( ) 一《ひと》つの方向《ほうこう》だけ。

解答例

本書の解答は，あくまでもひとつの例です。児童に取り組ませる前に，必ず指導される方が問題を解いてください。指導される方の作られた解答をもとに，児童の多様な考えに寄り添って○つけをお願いします。

36頁

イーハトーヴの夢《ゆめ》 (6)

名前

● 次《つぎ》の文章《ぶんしょう》を二回《にかい》読《よ》んで、答《こた》えましょう。

1

　また賢治《けんじ》は、春《はる》、生徒《せいと》たちと
㋐田植《たう》えをしたとき、
田《た》んぼの真《ま》ん中《なか》に、ひまわりの
種《たね》を一《ひと》つぶ植《う》えたこともあった。
すると、真夏《まなつ》、
辺《あた》り一面《いちめん》ただ平凡《へいぼん》な
緑《みどり》の中《なか》に、それが
見事《みごと》に花《はな》を開《ひら》く。
㋚「田《た》んぼが、詩《し》に書《か》かれた
　田《た》んぼのように、
　かがやいて見《み》えましたよ。」
と、昔《むかし》の教《おし》え子《ご》たちが言《い》う。

2

　苦《くる》しい農作業《のうさぎょう》の中《なか》に、
楽《たの》しさを見《み》つける。
工夫《くふう》することに、
喜《よろこ》びを見《み》つける。
そうして、未来《みらい》に希望《きぼう》をもつ。
それが、㋑先生《せんせい》としての
賢治《けんじ》の理想《りそう》だった。

(令和二年度版　光村図書　国語　六　創造　畑山《はたやま》　博《ひろし》)

1

(1) 賢治《けんじ》は、㋐田《た》んぼの真《ま》ん中《なか》に、何《なん》の種《たね》を一《ひと》つぶ植《う》えたことがありましたか。

ひまわりの種《たね》。

(2) ㋚のように、昔《むかし》の教《おし》え子《ご》たちが言《い》ったのはなぜですか。

辺《あた》り**一面**ただ平凡《へいぼん》な**緑の中**に、それが**見事**に**花**を開《ひら》いたから。

2

(1) ㋑先生《せんせい》としての賢治《けんじ》の理想《りそう》は何《なん》でしたか。三《みっ》つ書《か》きましょう。

① 苦《くる》しい農作業《のうさぎょう》の中《なか》に、**楽しさ**を見《み》つける。

② 工夫《くふう》することに、**喜び**を見《み》つける。

③ 未来《みらい》に**希望**をもつ。

37頁

イーハトーヴの夢《ゆめ》 (7)

名前

● 次《つぎ》の文章《ぶんしょう》を二回《にかい》読《よ》んで、答《こた》えましょう。

　㋐暴《あば》れる自然《しぜん》に勝《か》つためには、
みんなで力《ちから》を合《あ》わせなければ
ならない。
㋑力《ちから》を合《あ》わせるには、
たがいにやさしい心《こころ》が
通《かよ》い合《あ》っていなければならない。
その㋒やさしさを
人々《ひとびと》に育《そだ》ててもらうために、
賢治《けんじ》は、たくさんの詩《し》や童話《どうわ》を
書《か》いた。
「風《かぜ》の又三郎《またさぶろう》」
「グスコーブドリの伝記《でんき》」
「セロ弾《ひ》きのゴーシュ」、
そして「やまなし」。

(令和二年度版　光村図書　国語　六　創造　畑山《はたやま》　博《ひろし》)

(1) 賢治《けんじ》は、㋐暴《あば》れる自然《しぜん》に勝《か》つためには、どうしなければならないと考《かんが》えましたか。

みんなで力を合わせなければならない。

(2) 賢治《けんじ》は、㋑力《ちから》を合《あ》わせるには、たがいに何《なに》が通《かよ》い合《あ》っていなければならないと考《かんが》えましたか。

やさしい心

(3) 賢治《けんじ》は、㋒やさしさを人々《ひとびと》に育《そだ》ててもらうために、どうしましたか。

たくさんの**詩**や**童話**を書《か》いた。

38頁

イーハトーヴの夢《ゆめ》 (8)

名前

● 次《つぎ》の文章《ぶんしょう》を二回《にかい》読《よ》んで、答《こた》えましょう。

1

　賢治《けんじ》の書《か》いた物語《ものがたり》の舞台《ぶたい》は、
イーハトーヴという一《ひと》つの
同《おな》じ場所《ばしょ》であることが多《おお》い。
イーハトーヴというのは想像《そうぞう》で
作《つく》った地名《ちめい》だけれど、
「イーワテ」というのと
よく似《に》ている。

2

　「この岩手県《いわてけん》が、いつか、
こんな夢《ゆめ》のような
すてきな所《ところ》になったら
いいな。」
きっとそう思《おも》って、賢治《けんじ》は
そんな名前《なまえ》をつけたのだろう。
だから、イーハトーヴは、
実際《じっさい》の岩手県《いわてけん》と同《おな》じ大《おお》きさを
している。そうしてそこで、
大昔《おおむかし》から今《いま》までの、
さまざまな出来事《できごと》が起《お》こるのだ。

(令和二年度版　光村図書　国語　六　創造　畑山《はたやま》　博《ひろし》)

1

(1) 賢治《けんじ》の書《か》いた物語《ものがたり》の舞台《ぶたい》は、何《なん》という場所《ばしょ》であることが多《おお》いですか。

イーハトーヴ

(2) イーハトーヴについて、あてはまるものに○をつけましょう。

( ) 実際《じっさい》にある地名《ちめい》である。

(○) 想像《そうぞう》で作《つく》った地名《ちめい》である。

2

(1) イーハトーヴという名前《なまえ》には、賢治《けんじ》のどんな思《おも》いがこめられていると思《おも》われますか。

「この**岩手県**が、いつか、こんな**夢**のような**すてきな**所《ところ》になったらいいな。」

39頁

風切《かざき》るつばさ (1)

名前

● 次《つぎ》のあらすじと文章《ぶんしょう》を二回《にかい》読《よ》んで、答《こた》えましょう。

　若《わか》いアネハヅルの群《む》れが、キツネにおそわれた。一羽《いちわ》の仲間《なかま》の命《いのち》が失《うしな》われた。クルルは、体《からだ》の弱《よわ》いカララに、とったえさを分《わ》けてやっていた。キツネに気《き》づかれたのは、そのせいだと仲間殺《なかまごろ》しの犯人《はんにん》のようにあつかわれるようになった。カララでさえ、だまってみんなの中《なか》に交《ま》じっていて、だれ一人《ひとり》、味方《みかた》はいない。みな、クルルの気持《きも》ちなど、分《わ》かろうとしないのだ。あのとき、言《い》い返《かえ》さなかった自分《じぶん》がくやしくなり、クルルはみんなと飛《と》ぶことがつらくなってきた。ある朝《あさ》、クルルは飛《と》べなくなっていた。

　冬《ふゆ》が近《ちか》づいてくる。
冬《ふゆ》のモンゴルの草原《そうげん》は、
零下五十度《れいかごじゅうど》の寒《さむ》さにおそわれる。
その前《まえ》に、㋐アネハヅルの群《む》れは
ヒマラヤ山脈《さんみゃく》をこえて
インドにわたっていくのだ。
　冬《ふゆ》を前《まえ》にして飛《と》べなくなった
ツルは、死《し》ぬしかない。
でもクルルには、㋑そんなこと、
どうでもよくなっていた。
えさを食《た》べず、ただじっと
うずくまっていることだけが、
おしつぶされそうな
最後《さいご》のプライドを保《たも》つ、
ゆいいつの方法《ほうほう》に思《おも》えた。

(令和二年度版　東京書籍　新しい国語　六　木村《きむら》　裕一《ゆういち》)

(1) ㋐アネハヅルの群《む》れは、どこをこえてインドにわたっていくのですか。

ヒマラヤ山脈《さんみゃく》。

(2) ㋑そんなこととは、何《なに》を指《さ》していますか。○をつけましょう。

(○) 冬《ふゆ》を前《まえ》にして飛《と》べなくなったツルは、死《し》ぬしかないこと。

( ) ヒマラヤ山脈《さんみゃく》をこえてインドにわたっていくこと。

(3) おしつぶされそうな最後《さいご》のプライドを保《たも》つ、ゆいいつの方法《ほうほう》はどうすることですか。

えさを食《た》べず、ただ**じっと**うずくまっていること。

40頁

風切《かざき》るつばさ (2)　名前

● 次《つぎ》の文章《ぶんしょう》を二回《にかい》読《よ》んで、答《こた》えましょう。

1 やがてツルの群《む》れが、南《みなみ》に向《む》かって飛《と》んでいくのが見《み》えた。第二《だいに》、第三《だいさん》の群《む》れもわたり始《はじ》める。

2 白《しろ》い雪《ゆき》がちらほらとまい始《はじ》めたときだ。クルルの目《め》に、南《みなみ》の空《そら》からまいおりてくる一羽《いちわ》の鳥《とり》が見《み》えた。カララだ。カララは何《なに》も言《い》わずにクルルのとなりにおり立《た》った。

(令和二年度版　東京書籍　新しい国語　六　木村　裕一)

1 (1) やがて何《なに》が南《みなみ》に向《む》かって飛《と》んでいくのが見えましたか。

ツルの群れ。

(2) 第二《だいに》、第三《だいさん》の群《む》れも何《なに》を始《はじ》めるのですか。

わたり始《はじ》める。

2 (1) クルルの目《め》に、見《み》えたのは何《なん》ですか。

南の空からまいおりてくる一羽の鳥。

(2) クルルのとなりにおり立《た》ったのは、だれですか。

カララ

41頁

風切《かざき》るつばさ (3)　名前

● 次《つぎ》の文章《ぶんしょう》を二回《にかい》読《よ》んで、答《こた》えましょう。

クルルは、もしカララが「さあ、いっしょに行《い》こう！」と言《い》ったら、たとえ飛《と》べたとしても首《くび》を横《よこ》にふるつもりだった。「おれなんかいらないだろう。」とも言《い》うつもりだった。でも、カララは何《なに》も言《い》わなかった。ただじっととなりにいて、南《みなみ》にわたっていく群《む》れをいっしょに見《み》つめていた。

※首《くび》を横《よこ》にふる…断《ことわ》る。

(令和二年度版　東京書籍　新しい国語　六　木村　裕一)

(1) クルルは、もしカララが「さあ、いっしょに行こう！」と言ったら、どうするつもりでしたか。二《ふた》つ答《こた》えましょう。

① たとえ飛べたとしても首を横にふるつもりだった。

② 「おれなんかいらないだろう。」とも言うつもりだった。

(2) カララは何《なに》も言《い》わずに、どうしていましたか。

ただじっととなりにいて、南《みなみ》にわたっていく群れをいっしょに見《み》つめていた。

42頁

風切《かざき》るつばさ (4)　名前

● カララは何《なに》も言《い》わずに、南《みなみ》にわたっていく群《む》れをクルルといっしょに見《み》つめていた。次《つぎ》の文章《ぶんしょう》を二回《にかい》読《よ》んで、答《こた》えましょう。

1 日《ひ》に日《ひ》に寒《さむ》さが増《ま》してくる。(こいつ㋐覚悟《かくご》してるんだ。) クルルの心《こころ》が少《すこ》しずつ解《と》けていく気《き》がした。(そうか、おれが飛《と》ばないとこいつも……。)と思《おも》った、そのとき！ いきなりしげみからキツネが現《あらわ》れた。

2 するどい歯《は》が光《ひか》り、カララに飛《と》びかかる。「危《あぶ》ない！」㋑その瞬間《しゅんかん》、クルルはカララをつき飛《と》ばすように羽《は》ばたいた。カララはそれを合図《あいず》に飛《と》び上《あ》がった。

(令和二年度版　東京書籍　新しい国語　六　木村　裕一)

1 (1) ㋐覚悟《かくご》とは、ここではどんなことですか。○をつけましょう。

(○) カララは、クルルといっしょに飛《と》ばずにいること。

(　) カララは、クルルといっしょに飛《と》んでいくこと。

(2) いきなりしげみから現《あらわ》れたのはだれですか。

キツネ

2 (1) キツネのするどい歯《は》が光《ひか》り、だれに飛《と》びかかりましたか。

カララ

(2) ㋑その瞬間《しゅんかん》、クルルは何《なに》をしましたか。

クルルはカララをつき飛ばすように羽ばたいた。

43頁

風切《かざき》るつばさ (5)　名前

● クルルとカララは、飛《と》び上《あ》がった。次《つぎ》の文章《ぶんしょう》を二回《にかい》読《よ》んで、答《こた》えましょう。

1 「あっ……。」気《き》がつくと、クルルの体《からだ》も空《そら》にまい上《あ》がっていた。目標《もくひょう》を失《うしな》ったキツネが、くやしそうに空《そら》を見上《みあ》げている。

2 「おれ、飛《と》んでる。」クルルは思《おも》わずさけんだ。力《ちから》いっぱい羽《は》ばたくと、風《かぜ》の中《なか》を体《からだ》がぐんぐんとのぼっていく。風《かぜ》を切《き》るつばさの音《おと》が、㋐ここちよいリズムで体《からだ》いっぱいにひびきわたった。

(令和二年度版　東京書籍　新しい国語　六　木村　裕一)

1 (1) 気《き》がつくと、クルルの体《からだ》もどうなっていましたか。

空にまい上がっていた。

(2) 目標《もくひょう》を失《うしな》ったのは、だれですか。

キツネ

2 (1) クルルは何《なん》とさけびましたか。

「おれ、飛んでる。」

(2) ㋐ここちよいリズムで体《からだ》いっぱいにひびきわたったのは、何《なん》ですか。

風を切《き》るつばさの音《おと》。

解答例

本書の解答は，あくまでもひとつの例です。児童に取り組ませる前に，必ず指導される方が問題を解いてください。指導される方の作られた解答をもとに，児童の多様な考えに寄り添って○つけをお願いします。

44頁

風切《かざき》るつばさ (6)

名前

● 次《つぎ》の文章《ぶんしょう》を二回《にかい》読《よ》んで、答《こた》えましょう。

1

「わたれるぞ、これなら、
あのそびえ立《た》った山《やま》を
こえることができるぞ。」
カララがふり向《む》いて、
あ「いっしょに行《い》って
くれるかい？」
と言《い》った。
い「もちろんさ。」
クルルも少《すこ》し照《て》れて
笑《わら》ってみせた。

2

ア二羽《にわ》のアネハヅルは、
最後《さいご》の群《む》れを追《お》うように、
南《みなみ》に向《む》かった。
つばさを大《おお》きく羽《は》ばたかせ、
どこまでもどこまでも……。

（令和二年度版　東京書籍　新しい国語　六　木村《きむら》　裕一《ゆういち》）

1

(1) 何《なに》をこえることができますか。

あの **そびえ立った** 山《やま》。

(2) あいはだれが言《い》った言葉《ことば》ですか。

あ **カララ**

い **クルル**

2

(1) ア二羽《にわ》のアネハヅルとは、だれとだれのことですか。

※順不同

クルル と **カララ**。

(2) ア二羽《にわ》のアネハヅルは、何《なに》を追《お》うように、南《みなみ》に向《む》かいましたか。

最後 の **群れ**。

45頁

あの坂《さか》をのぼれば (1)

名前

● 次《つぎ》の文章《ぶんしょう》を二回《にかい》読《よ》んで、答《こた》えましょう。

——あの坂《さか》をのぼれば、海《うみ》が見《み》える。少年《しょうねん》は朝《あさ》から歩《ある》いていた。少年《しょうねん》は、どうしても海《うみ》を見《み》たいのだった。しかし、まだ海《うみ》は見《み》えなかった。もう、やめよう。少年《しょうねん》は、疲労《ひろう》がむねにつき上《あ》げてきた。

1

日《ひ》はしだいに高《たか》くなる。
これから帰《かえ》る道《みち》のりの長《なが》さを
思《おも》って、ア重《おも》いため息《いき》をついた時《とき》、
少年《しょうねん》はふと、生《い》き物《もの》の声《こえ》を
耳《みみ》にしたと思《おも》った。

2

声《こえ》は、上《うえ》から来《く》る。
ふりあおぐと、すぐ頭上《ずじょう》を、
光《ひかり》が走《はし》った。イつばさの長《なが》い、
真《ま》っ白《しろ》い大《おお》きな鳥《とり》が一羽《いちわ》、
ゆっくりと羽《は》ばたいて、
先導《せんどう》するように次《つぎ》のとうげを
こえてゆく。
——あれは、海鳥《うみどり》だ！
少年《しょうねん》はとっさに立《た》ち上《あ》がった。

（令和二年度版　教育出版　ひろがる言葉　小学国語　六上　杉《すぎ》　みき子《こ》）

1

少年《しょうねん》がア重《おも》いため息《いき》をついた時《とき》、何《なに》を耳《みみ》にしたと思《おも》ったのですか。

生き物 の声《こえ》。

2

イつばさの長《なが》い、真《ま》っ白《しろ》い大《おお》きな鳥《とり》について答《こた》えましょう。

① どのように飛《と》んでいましたか。

ゆっくり と羽《は》ばたいて、**先導** するように次《つぎ》の **とうげ** をこえてゆく。

② この大《おお》きな鳥《とり》は何《なん》だと、少年《しょうねん》は思《おも》いましたか。

海鳥

46頁

あの坂《さか》をのぼれば (2)

名前

● 次《つぎ》の文章《ぶんしょう》を二回《にかい》読《よ》んで、答《こた》えましょう。

1

海鳥《うみどり》がいる。
ア海《うみ》が近《ちか》いのにちがいない。
そういえば、あの坂《さか》の上《うえ》の
空《そら》の色《いろ》は、確《たし》かに海《うみ》へと続《つづ》く
あさぎ色《いろ》だ。
今度《こんど》こそ、海《うみ》に着《つ》けるのか。

2

それでも、ややためらって、
行《ゆ》く手《て》を見《み》はるかす
少年《しょうねん》の目《め》の前《まえ》を、
ちょうのようにひらひらと、
イ白《しろ》い物《もの》がまい落《お》ちる。
てのひらをすぼめて受《う》け止《と》める
と、それは、雪《ゆき》のような
ひとひらの羽毛《うもう》だった。
——あの鳥《とり》の、おくり物《もの》だ。
ウただ一《いっ》ぺんの羽根《はね》だけれど、
それはたちまち少年《しょうねん》の心《こころ》に、
白《しろ》い大《おお》きなつばさとなって
羽《は》ばたいた。
※見《み》はるかす…遠《とお》くまで見《み》わたす。

（令和二年度版　教育出版　ひろがる言葉　小学国語　六上　杉《すぎ》　みき子《こ》）

1

(1) ア海《うみ》が近《ちか》いのにちがいないと思《おも》ったのはなぜですか。

海鳥 がいるから。

(2) あの坂《さか》の上《うえ》の空《そら》は何色《なにいろ》ですか。

あさぎ色

2

(1) どこを、イ白《しろ》い物《もの》がまい落《お》ちるのですか。

少年 の **目** の前《まえ》。

(2) てのひらをすぼめて受《う》け止《と》めたものは、何《なん》でしたか。

雪 のようなひとひらの **羽毛**。

(3) ウただ一《いっ》ぺんの羽根《はね》は、少年《しょうねん》の心《こころ》に何《なに》となって羽《は》ばたきましたか。

白《しろ》い **大きなつばさ**。

47頁

あの坂《さか》をのぼれば (3)

名前

● 次《つぎ》の文章《ぶんしょう》を二回《にかい》読《よ》んで、答《こた》えましょう。

1

——あの坂《さか》をのぼれば、
海《うみ》が見《み》える。
少年《しょうねん》はもう一度《いちど》、
力《ちから》をこめてつぶやく。
アしかし、そうでなくとも
よかった。今《いま》はたとえ、
この後三《あとみっ》つの坂《さか》、四《よっ》つの坂《さか》を
こえることになろうとも、
必《かなら》ず海《うみ》に行《い》き着《つ》くことができる、
行《い》き着《つ》いてみせる。

2

白《しろ》い小《ちい》さな羽根《はね》をてのひらに
しっかりとくるんで、
ゆっくりと坂《さか》をのぼってゆく
少年《しょうねん》の耳《みみ》に——
あるいは心《こころ》のおくにか——
イかすかなしおざいのひびきが
聞《き》こえ始《はじ》めていた。
※しおざい…しおが満《み》ちてくるときの波《なみ》の音《おと》。しおさいともいう。

（令和二年度版　教育出版　ひろがる言葉　小学国語　六上　杉《すぎ》　みき子《こ》）

1

(1) 少年《しょうねん》はもう一度《いちど》、力《ちから》をこめて何《なん》とつぶやきましたか。

あの坂をのぼれば、海が見える。

(2) アしかし、そうでなくともよかったとは、どういうことですか。○をつけましょう。

(○) あの坂《さか》をのぼっても、海《うみ》が見《み》えなくてもよかった。

(　) 三《みっ》つの坂《さか》をこえられてよかった。

2

(1) 少年《しょうねん》は、てのひらに何《なに》をしっかりとくるんでいますか。

白《しろ》い **小さな羽根**。

(2) どこに、イかすかなしおざいのひびきが聞《き》こえ始《はじ》めていましたか。

少年 の **耳** に——
あるいは **心** のおくにか——
かすかなしおざいの
ひびきが聞《き》こえ始《はじ》めていた。

48頁

いのち (1)

名前

● 次《つぎ》の詩《し》を二回読《にかいよ》んで、答《こた》えましょう。

いのち　　小海《こかい》　永二《えいじ》

花《はな》です
虫《むし》です
㋐からだです
鳥《とり》です
草《くさ》です
㋑こころです

それらはみんないのちです

いのちは
どれも
ひとつです

㋒いのちのふるさと
地球《ちきゅう》もひとつ

（令和二年度版　東京書籍　新しい国語　六　小海《こかい》　永二《えいじ》）

(1) ㋐からだですとありますが、何《なに》を例《れい》にあげていますか。二《ふた》つ書《か》きましょう。

花・虫

(2) ㋑こころですとありますが、何《なに》を例《れい》にあげていますか。二《ふた》つ書《か》きましょう。

鳥・草

(3) 「いのちは　どれも　ひとつです」とは、どういう意味《いみ》ですか。あてはまるものに○をつけましょう。

(○) 花《はな》や虫《むし》や鳥《とり》や草《くさ》には、それぞれひとつずついのちがある。

(　) 花《はな》や草《くさ》には、どれもいのちはない。

(4) ㋒いのちのふるさとは何《なん》だといっていますか。

地球

49頁

いのち (2)

名前

● 次《つぎ》の詩《し》を二回読《にかいよ》んで、答《こた》えましょう。

風《かぜ》が吹《ふ》き
雲《くも》の流《なが》れる地球《ちきゅう》のうえに
㋐要《い》らないものなどありません

㋑互《たが》いに支《ささ》えているんです
見《み》えない手《て》を出《だ》し　声《こえ》を出《だ》し
互《たが》いに支《ささ》えているんです

どれもひとつで
どれにもひとつ
全部《ぜんぶ》が大事《だいじ》ないのちです

（令和二年度版　東京書籍　新しい国語　六　小海《こかい》　永二《えいじ》）

(1) どこに、㋐要《い》らないものなどありませんといっていますか。

地球のうえ

(2) どんなふうに、㋑互《たが》いに支《ささ》えているんですといっていますか。

見《み》えない手を出《だ》し
声を出《だ》し
互《たが》いに支《ささ》えているんです

(3) 「どれもひとつで　どれにもひとつ」なのは、何《なん》だといっていますか。

全部《ぜんぶ》が大事な
いのちです

50頁

いま始《はじ》まる新《あたら》しいいま (1)

名前

● 次《つぎ》の詩《し》を二回読《にかいよ》んで、答《こた》えましょう。

いま始《はじ》まる新《あたら》しいいま　　川崎《かわさき》　洋《ひろし》

心臓《しんぞう》から送《おく》り出《だ》された㋐新鮮《しんせん》な血液《けつえき》は
十数秒《じゅうすうびょう》で全身《ぜんしん》をめぐる
わたしはさっきのわたしではない
そしてあなたも
㋑わたしたちはいつも新《あたら》しい

㋒さなぎからかえったばかりの蝶《ちょう》が
生《う》まれたばかりの陽炎《かげろう》の中《なか》で揺《ゆ》れる
㋓あの花《はな》は
きのうはまだ蕾《つぼみ》だった
海《うみ》を渡《わた》ってきた新《あたら》しい風《かぜ》がほら
㋔踊《おど》りながら走《はし》ってくる
自然《しぜん》はいつも新《あたら》しい

※めぐる…回《まわ》って、またもとにもどる。
※陽炎《かげろう》…太陽《たいよう》の光《ひかり》で熱《あつ》くなった地面《じめん》などから立《た》ちのぼる空気《くうき》が、ゆらゆらと見《み》えること。

（令和二年度版　東京書籍　新しい国語　六　川崎《かわさき》　洋《ひろし》）

(1) ㋐新鮮《しんせん》な血液《けつえき》は十数秒《じゅうすうびょう》でどうなりますか。

全身をめぐる

(2) ㋑わたしたちは何《なん》だといっていますか。

いつも新しい

(3) ㋒さなぎからかえったばかりの蝶《ちょう》は、どこの中《なか》で揺《ゆ》れますか。

生まれたばかりの陽炎の中《なか》

(4) ㋓あの花《はな》はきのうはまだ何《なん》でしたか。詩《し》の中《なか》の漢字一文字《かんじいちもじ》の言葉《ことば》をひらがな三文字《さんもじ》で書《か》きましょう。

つぼみ

(5) ㋔踊《おど》りながら走《はし》ってくるのは何《なん》ですか。

新しい風

51頁

いま始《はじ》まる新《あたら》しいいま (2)

名前

● 次《つぎ》の詩《し》を二回読《にかいよ》んで、答《こた》えましょう。

きのう知《し》らなかったことを
きょう知《し》る喜《よろこ》び
㋐きのうは気《き》がつかなかったけど
きょう見《み》えてくるものがある
日々《ひび》新《あたら》しくなる世界《せかい》
古代史《こだいし》の一部《いちぶ》が㋑また塗《ぬ》り替《か》えられる
過去《かこ》でさえ新《あたら》しくなる

㋒きょうも新《あたら》しいめぐり合《あ》いがあり
まっさらの愛《あい》が
次々《つぎつぎ》に生《う》まれ
いま初《はじ》めて歌《うた》われる歌《うた》がある
㋓いつも　いつも
新《あたら》しいいのちを生《い》きよう
いま始《はじ》まる新《あたら》しいいま

（令和二年度版　東京書籍　新しい国語　六　川崎《かわさき》　洋《ひろし》）

(1) ㋐きのうは気《き》がつかなかったけどきょうどんなものがあるといっていますか。

見えてくるものがある

(2) 何《なに》が、㋑また塗《ぬ》り替《か》えられるのですか。

古代史の一部《いちぶ》

(3) ㋒きょうも新《あたら》しいめぐり合《あ》いがあり、何《なに》が次々《つぎつぎ》に生《う》まれますか。

まっさらの愛《あい》

(4) ㋓いつも　いつも　何《なに》を生《い》きようといっていますか。六文字《ろくもじ》で答《こた》えましょう。

新しいいのち

(5) この詩《し》の最後《さいご》に、題名《だいめい》と同《おな》じ言葉《ことば》が書《か》かれています。それは何《なん》ですか。

いま始まる
新しいいま

本書の解答は，あくまでもひとつの例です。児童に取り組ませる前に，必ず指導される方が問題を解いてください。指導される方の作られた解答をもとに，児童の多様な考えに寄り添って○つけをお願いします。

52 頁

川《かわ》とノリオ (1)

名前

● 次《つぎ》の文章《ぶんしょう》を二回《にかい》読《よ》んで、答《こた》えましょう。

また、八月《はちがつ》の六日《むいか》が来《く》る

さらさらとすずしい
せの音《おと》をたてて、
今日《きょう》もまた川《かわ》は流《なが》れている。
川《かわ》の底《そこ》から拾《ひろ》った
びんのかけらを、
じいっと目《め》の上《うえ》に
当《あ》てていると、
㋐ノリオの世界《せかい》は
うす青《あお》かった。
ギラギラ照《て》りつける
㋑真夏《まなつ》の太陽《たいよう》も、
銀色《ぎんいろ》にキラキラ光《ひか》るだけ。

※せの音《おと》…浅《あさ》い川《かわ》の流《なが》れがたてる水《みず》の音《おと》。

(令和二年度版　教育出版　ひろがる言葉　小学国語　六上　いぬい　とみこ)

(1) 川《かわ》はどんな音《おと》をたてて、流《なが》れていますか。

さらさらとすずしいせの音《おと》。

(2) ノリオは、川《かわ》の底《そこ》から何《なに》を拾《ひろ》いましたか。

びんのかけら。

(3) ㋐ノリオの世界《せかい》は、どうでしたか。

うす青かった。

(4) ㋑真夏《まなつ》の太陽《たいよう》も、どのように光《ひか》るだけですか。

銀色にキラキラ光《ひか》るだけ。

53 頁

川《かわ》とノリオ (2)

名前

● 次《つぎ》の文章《ぶんしょう》を二回《にかい》読《よ》んで、答《こた》えましょう。

1

幾《いく》たびめかのあの日《ひ》が
めぐってきた。
㋐まぶしい川《かわ》のまん中《なか》で、
母《かあ》ちゃんを一日中《いちにちじゅう》、
待《ま》ってたあの日《ひ》。
そしてとうとう
母《かあ》ちゃんが、
もどってこなかった
㋑夏《なつ》のあの日《ひ》。

2

ドド……ンという
遠《とお》いひびきだけは、
ノリオも聞《き》いたあの日《ひ》の朝《あさ》、
母《かあ》ちゃんはヒロシマで
焼《や》け死《し》んだという。
ノリオたちが
なんにも知《し》らないまに。

(令和二年度版　教育出版　ひろがる言葉　小学国語　六上　いぬい　とみこ)

1

(1) ㋐まぶしい川《かわ》のまん中《なか》で、ノリオはあの日《ひ》、だれを一日中《いちにちじゅう》、待《ま》っていましたか。

母ちゃん

(2) ㋑夏《なつ》のあの日《ひ》とは、どんな日《ひ》でしたか。

とうとう母ちゃんがもどってこなかった日《ひ》。

2

(1) ドド……ンという何《なに》だけは、ノリオも聞《き》きましたか。

遠いひびき

(2) だれはどこで焼《や》け死《し》んだというのですか。

母ちゃんはヒロシマで焼《や》け死《し》んだという。

54 頁

川《かわ》とノリオ (3)

名前

● 次《つぎ》の文章《ぶんしょう》を二回《にかい》読《よ》んで、答《こた》えましょう。

1

じいちゃんが、母《かあ》ちゃんを
探《さが》して歩《ある》いた時《とき》、
暗《くら》いヒロシマの町《まち》には、
死骸《しがい》から出《で》るりんの火《ひ》が、
幾晩《いくばん》も青《あお》く燃《も》えていたという。
折《お》り重《かさ》なってたおれた家々《いえいえ》と、
折《お》り重《かさ》なって
死《し》んでいる
人々《ひとびと》の群《む》れ……。
子《こ》どもを探《さが》す母《かあ》ちゃんと、
母《かあ》ちゃんを探《さが》す子《こ》どもの声《こえ》。

2

そして、ノリオの母《かあ》ちゃんは、
とうとう帰《かえ》ってこないのだ。
㋐じいちゃんも、ノリオも
だまっている。
年寄《としよ》りすぎたじいちゃんにも、
小学《しょうがく》二年《にねん》のノリオにも、
何《なに》が言《い》えよう。

(令和二年度版　教育出版　ひろがる言葉　小学国語　六上　いぬい　とみこ)

1

(1) 暗《くら》いヒロシマの町《まち》には、何《なに》が幾晩《いくばん》も青《あお》く燃《も》えていましたか。

死骸《しがい》から出《で》るりんの火。

(2) 暗《くら》いヒロシマの町《まち》には、だれの声《こえ》が聞《き》こえましたか。

子《こ》どもを探《さが》す母ちゃんと、母《かあ》ちゃんを探《さが》す子どもの声《こえ》。

2

(1) 帰《かえ》ってこないのは、だれですか。

ノリオの母ちゃん。

(2) ㋐じいちゃんも、ノリオもだまっているのは、なぜですか。

(○) ノリオの母《かあ》ちゃんが、死《し》んでとても悲《かな》しいから。

(　) ノリオがじいちゃんにおこられたから。

55 頁

川《かわ》とノリオ (4)

名前

● 次《つぎ》の文章《ぶんしょう》を二回《にかい》読《よ》んで、答《こた》えましょう。

ノリオは、
青《あお》いガラスのかけらを、
ぽんと川《かわ》の水《みず》に
投《な》げてやった。
すぐにまぶしい
日《ひ》の光《ひかり》が、
ノリオの世界《せかい》に
返《かえ》ってきて、
ノリオは
仕事《しごと》を思《おも》い出《だ》す。
じいちゃんの工場《こうば》の
やぎっ子《こ》の干《ほ》し草《くさ》かりが、
㋐ノリオの仕事《しごと》だ。

(令和二年度版　教育出版　ひろがる言葉　小学国語　六上　いぬい　とみこ)

(1) ノリオは、何《なに》をぽんと川《かわ》の水《みず》に投《な》げてやりましたか。

青いガラスのかけら。

(2) まぶしい日《ひ》の光《ひかり》が、ノリオの世界《せかい》に返《かえ》ってきて、ノリオは何《なに》を思《おも》い出《だ》しますか。

仕事を思《おも》い出《だ》す。

(3) ㋐ノリオの仕事《しごと》は何《なん》ですか。

じいちゃんの工場《こうば》のやぎっ子《こ》の干し草かり。

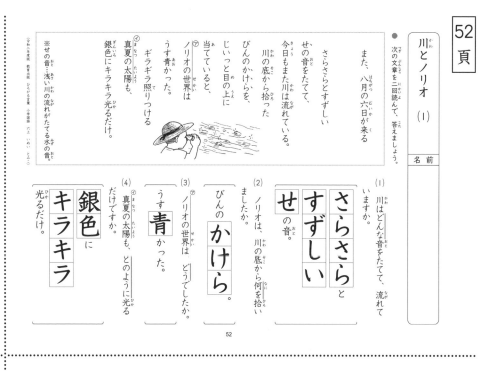

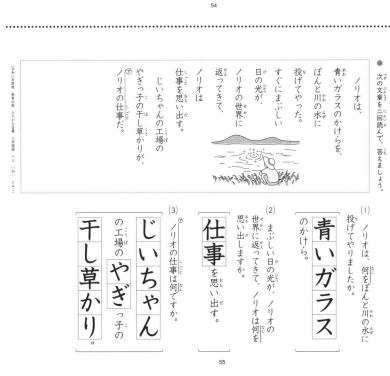

56 頁

川《かわ》とノリオ (5)

名前

● 次《つぎ》の文章《ぶんしょう》を二回《にかい》読《よ》んで、答《こた》えましょう。

1

青々《あおあお》しげった岸辺《きしべ》の草《くさ》に、
サクッ、サクッとまたかまを
入《い》れだすと、
桜《さくら》の木《き》につないだやぎっ子《こ》が、
ミエエ、ミエエとノリオを
呼《よ》んだ。
母《かあ》ちゃんやぎを
呼《よ》ぶような、
やぎっ子《こ》の声《こえ》。

2

草《くさ》いきれのひどい
かり草《くさ》の上《うえ》で、ノリオは
やぎっ子《こ》と、㋐取《と》っ組《く》み合《あ》う。
上《うえ》になり、下《した》になり、転《ころ》げ回《まわ》る。
青《あお》い空《そら》を映《うつ》している㋑やぎの目玉《めだま》。

※草《くさ》いきれ…夏《なつ》の日差《ひざ》しを受《う》けて、草《くさ》の
しげみから立《た》ち上《あ》がる、
ムッとする熱気《ねっき》。

(令和二年度版　教育出版　ひろがる言葉　小学国語　六上　いぬい　とみこ)

1

(1) ノリオは、何《なに》にかまを入《い》れだしますか。

青々《あおあお》しげった **岸辺** の **草**。

(2) やぎっ子《こ》は、ミエエ、ミエエと
だれを呼《よ》びましたか。

ノリオ

(3) ミエエ、ミエエとなく声《こえ》は、だれを
呼《よ》ぶような、やぎっ子《こ》の声《こえ》でしたか。

母ちゃん やぎ。

2

(1) かり草《くさ》の上《うえ》で、㋐取《と》っ組《く》み合《あ》う
のは、だれとだれですか。

ノリオ と **やぎっ子**。

(2) ㋑やぎの目玉《めだま》には、何《なに》が映《うつ》って
いますか。

青い空

57 頁

川《かわ》とノリオ (6)

名前

● 次《つぎ》の文章《ぶんしょう》を二回《にかい》読《よ》んで、答《こた》えましょう。

1

白《しろ》い日《ひ》がさが
チカチカゆれて、
子《こ》どもの手《て》を引《ひ》いた
女《おんな》の人《ひと》が、
㋐葉桜《はざくら》の間《あいだ》を遠《とお》くなった。
㋑ザアザアと音《おと》を増《ま》す
川《かわ》のひびき。

2

ノリオは、かまを
また使《つか》いだす。
サクッ、サクッ、サクッ、
母《かあ》ちゃん帰《かえ》れ。
サクッ、サクッ、サクッ、
母《かあ》ちゃん帰《かえ》れよう。
川《かわ》は日《ひ》の光《ひかり》を
照《て》り返《かえ》しながら、
いっときも休《やす》まず流《なが》れ続《つづ》ける。

(令和二年度版　教育出版　ひろがる言葉　小学国語　六上　いぬい　とみこ)

1

(1) ㋐葉桜《はざくら》の間《あいだ》を遠《とお》くなったとは、何《なに》を
表《あらわ》していますか。○をつけましょう。

(○) 女《おんな》の人《ひと》が、葉桜《はざくら》の間《あいだ》を遠《とお》くの
ほうまでいっている。

(　) 葉桜《はざくら》の木《き》が遠《とお》くにある。

(2) ㋑ザアザアと音《おと》を増《ま》すのは、何《なん》ですか。

川 の **ひびき**。

2

(1) 「母《かあ》ちゃん帰《かえ》れ。」「母《かあ》ちゃん帰《かえ》れ
よう。」と、同《おな》じような言葉《ことば》を二回《にかい》
くり返《かえ》しているのは、なぜですか。
○をつけましょう。

(　) 干《ほ》し草《くさ》がりが嫌《いや》なので、早《はや》く
帰《かえ》りたいから。

(○) なくなった母《かあ》ちゃんを、
忘《わす》れられなくて、もどって来《き》て
ほしいから。

(2) 川《かわ》は、どんなふうに流《なが》れていますか。

川《かわ》は日《ひ》の光《ひかり》を照《て》り返《かえ》しながら、
いっとき も
休まず 流《なが》れ続《つづ》ける。

58 頁

イナゴ

名前

● 次《つぎ》の詩《し》を二回《にかい》読《よ》んで、答《こた》えましょう。

イナゴ　　まど・みちお

はっぱにとまった
イナゴの目《め》に
一《いっ》てん
もえている夕《ゆう》やけ

でも　イナゴは
ぼくしか見《み》ていないのだ
エンジンをかけたまま
いつでもにげられるしせいで…

ああ　㋐強《つよ》い生《い》きものと
㋑よわい生《い》きもののあいだを
川《かわ》のように流《なが》れる
イネのにおい！

(令和二年度版　教育出版　ひろがる言葉　小学国語　六上　まど・みちお)

(1) この詩《し》は何連《なんれん》からなりますか。

三 連《れん》

(2) はっぱにとまったイナゴの目《め》に
一《いっ》てん、映《うつ》っているものは、何《なん》ですか。

もえている夕やけ

(3) この詩《し》は、いつのことをうたって
いますか。一《ひと》つに○をつけましょう。

(　) 朝《あさ》　(○) 夕方《ゆうがた》　(　) 夜《よる》

(4) イナゴは、どんなしせいでいますか。

エンジン を
かけたまま
いつでも
にげられる
しせいで…

(5) ㋐強《つよ》い生《い》きものと㋑よわい生《い》きものは、
それぞれ何《なに》を指《さ》していますか。
——線《せん》で結《むす》びましょう。

㋐ 強《つよ》い生《い》きもの ——— ぼく
㋑ よわい生《い》きもの ——— イナゴ

59 頁

漢字《かんじ》の形《かたち》と音《おん》・意味《いみ》 (1)

名前

(1) ——線《せん》の漢字《かんじ》の読《よ》み方《かた》を書《か》きましょう。

① 委員長《いいんちょう》は責任が重《おも》い。

(**せきにん**)

② 国語《こくご》の成績が上《あ》がる。

(**せいせき**)

③ 三角形《さんかくけい》の面積を求《もと》める。

(**めんせき**)

(2) 次《つぎ》の漢字《かんじ》の音《おん》を表《あらわ》す部分《ぶぶん》はどこでしょう。□で囲《かこ》みましょう。
(　) に片仮名《かたかな》で音《おん》の読《よ》み方《かた》を書《か》きましょう。

① 帳・張 (**チョウ**)　② 花・貨 (**カ**)

③ 政・整 (**セイ**)　④ 故・固 (**コ**)

⑤ 効・校 (**コウ**)　⑥ 清・晴 (**セイ**)

解答例

本書の解答は，あくまでもひとつの例です。児童に取り組ませる前に，必ず指導される方が問題を解いてください。指導される方の作られた解答をもとに，児童の多様な考えに寄り添って○つけをお願いします。

60頁

漢字《かんじ》の形《かたち》と音《おん》・意味《いみ》 (2)

名前

● □の漢字《かんじ》は同《おな》じ音《おん》の漢字《かんじ》です。漢字《かんじ》を□から選《えら》んで□に書《か》きましょう。

① キュウ

求・球・救

・理想《りそう》を追《つい》 求 する。

・チューリップの 球 根《こん》を植《う》える。

・けが人《にん》は、 救 急車《きゅうしゃ》で運《はこ》ばれた。

② セイ

清・晴・静・青

・作文《さくぶん》を 清 書《しょ》して提出《ていしゅつ》した。

・父《ちち》は、楽《たの》しい 青 春時代《しゅんじだい》を過《す》ごした。

・物事《ものごと》を冷《れい》 静 に判断《はんだん》する。

・先週《せんしゅう》は 晴 天続《てんつづ》きだった。

61頁

漢字《かんじ》の形《かたち》と音《おん》・意味《いみ》 (3)

名前

● 次《つぎ》の各文《かくぶん》の□には、それぞれ同《おな》じ音《おん》の漢字《かんじ》が入《はい》ります。あてはまる漢字《かんじ》を□から選《えら》んで書《か》きましょう。また、漢字《かんじ》の共通部分《きょうつうぶぶん》を□に、その読《よ》み方《かた》を［　］に片仮名《かたかな》で書《か》きましょう。

① 側・測

・今日《きょう》は、身体《しんたい》 測 定《てい》があった。

・箱《はこ》を 側 面《めん》から見《み》る。

共通部分《きょうつうぶぶん》 則

読《よ》み方《かた》［ソク］

② 飯・反・版

・ 反 対《たい》の方向《ほうこう》に進《すす》む。

・夕《ゆう》 飯 の準備《じゅんび》を手伝《てつだ》う。

・ちょうこく刀《とう》で木《もく》 版 画《が》をほる。

共通部分《きょうつうぶぶん》 反

読《よ》み方《かた》［ハン］

62頁

漢字《かんじ》の形《かたち》と音《おん》・意味《いみ》 (4)

名前

(1) 正《ただ》しい漢字《かんじ》を□から選《えら》んで□に書《か》きましょう。

① チョウ　庁・町・頂

・十二時《じゅうにじ》に、山《やま》の 頂 上《じょう》に着《つ》きました。

② キ　起・記・紀

・早起《はやお》きをして、日《にっ》 記 を書《か》きます。

③ ホウ　放・方・訪

・放課後《ほうかご》、家庭《かてい》 訪 問《もん》の予定《よてい》です。

(2) 次《つぎ》の――線《せん》の漢字《かんじ》の読《よ》み方《かた》を書《か》きましょう。

① 会社《かいしゃ》を経営する。［けいえい］

② このかばんは軽量だ。［けいりょう］

③ 円《えん》の直径を測《はか》る。［ちょっけい］

63頁

漢字《かんじ》の形《かたち》と音《おん》・意味《いみ》 (5)

名前

(1) 次《つぎ》の文《ぶん》の□には同《おな》じ部分《ぶぶん》をもつ漢字《かんじ》が入《はい》ります。あてはまる漢字《かんじ》を□から選《えら》んで書《か》きましょう。

往・徒・復・役

㋐ 生《せい》 徒《と》 の 役《やく》 に立《た》つ。

㋑ 家《いえ》と学校《がっこう》を 往《おう》 復《ふく》 した。

(2) 往・徒・復・役 に共通《きょうつう》する部首《ぶしゅ》の名前《なまえ》にあてはまるものに○をつけましょう。

（　）にんべん

（○）ぎょうにんべん

（　）ぎょうへん

(3) 往・徒・復・役 に共通《きょうつう》する部首《ぶしゅ》の意味《いみ》にあてはまるものに○をつけましょう。

（○）「行《い》く」や「道《みち》」などの意味《いみ》。

（　）植物《しょくぶつ》に関係《かんけい》する意味《いみ》。

（　）体《からだ》に関係《かんけい》する意味《いみ》。

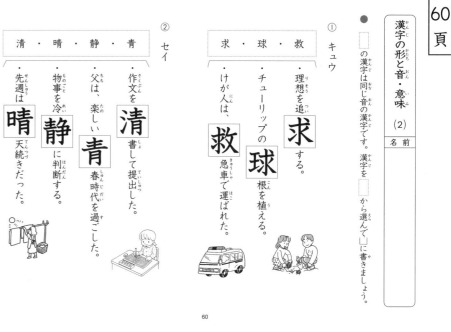

64頁

漢字《かんじ》の形《かたち》と音《おん》・意味《いみ》 (6)

名前

● 次《つぎ》の□には、同《おな》じ読《よ》み方《かた》の漢字《かんじ》が入《はい》ります。あてはまる漢字《かんじ》を［　］から選《えら》んで書《か》きましょう。また、それらの漢字《かんじ》の共通《きょうつう》した部分《ぶぶん》を□に書《か》きましょう。

① トウ

・豆 乳《にゅう》は大豆《だいず》から作《つく》られる。

・先《せん》頭 を走《はし》っているのは、私《わたし》の弟《おとうと》だ。

・五人《ごにん》の 登 場人物《じょうじんぶつ》がいる。

［頭・登・豆］→ 共通部分《きょうつうぶぶん》 豆

② コ

・交通事《こうつうじ》 故 に気《き》をつけよう。

・色《いろ》の好《この》みには 個 人差《じんさ》がある。

・びわ 湖 の広《ひろ》さは日本一《にほんいち》だ。

［湖・個・故］→ 共通部分《きょうつうぶぶん》 古

65頁

漢字《かんじ》の形《かたち》と音《おん》・意味《いみ》 (7)

名前

● 次《つぎ》の三《みっ》つの□に共通《きょうつう》して入《はい》る漢字《かんじ》の部分《ぶぶん》を［　］から選《えら》んで書《か》きましょう。また、その部分《ぶぶん》が表《あらわ》す意味《いみ》にあてはまる方《ほう》に○をつけましょう。

① 持 折 技

（　）足《あし》に関係《かんけい》する意味《いみ》。

（○）手《て》に関係《かんけい》する意味《いみ》。

［扌・彳］

② 性 情 慣

（○）心《こころ》に関係《かんけい》する意味《いみ》。

（　）刀《かたな》の働《はたら》きに関係《かんけい》する意味《いみ》。

［刂・忄］

③ 花 草 葉

（○）草《くさ》に関係《かんけい》する意味《いみ》。

（　）家《いえ》に関係《かんけい》する意味《いみ》。

［宀・艹］

66頁

漢字《かんじ》の形《かたち》と音《おん》・意味《いみ》 (8)

名前

● 次《つぎ》の漢字《かんじ》には、共通《きょうつう》の部分《ぶぶん》があります。［　］から選《えら》んで、□に漢字《かんじ》を書《か》きましょう。

① 月（にくづき）…元《もと》は「肉《にく》」で体《からだ》に関係《かんけい》のある漢字《かんじ》に使《つか》われる。

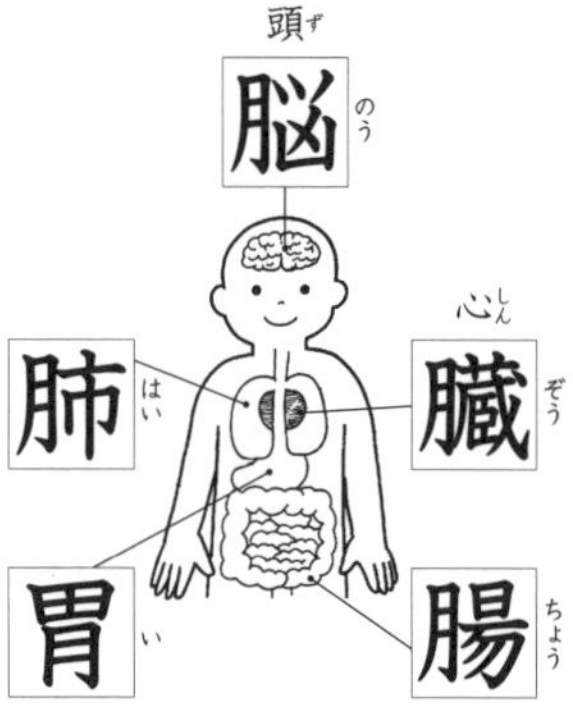

［胃・肺・腸・脳・臓］

② 扌（てへん）…手《て》の動《うご》きに関係《かんけい》のある漢字《かんじ》に使《つか》われる。

・友人《ゆうじん》を家《いえ》に 招《しょう》 待《たい》する。

・打《だ》 者《しゃ》に、球《たま》を 投《な》 げる。

・指《ゆび》 輪《わ》を 拾《ひろ》 う。

［投・指・招・打・拾］

67頁

話《はな》し言葉《ことば》と書《か》き言葉《ことば》

名前

● 次《つぎ》の文《ぶん》は、話《はな》し言葉《ことば》と書《か》き言葉《ことば》のどちらの特《とく》ちょうにあてはまりますか。話《はな》し言葉《ことば》には（は）、書《か》き言葉《ことば》には（か）を書《か》きましょう。

（は）音声《おんせい》で表《あらわ》す言葉《ことば》のこと。

（か）文字《もじ》で表《あらわ》す言葉《ことば》のこと。

（か）言葉《ことば》に表《あらわ》すと、消《き》えずに残《のこ》る。

（は）音声《おんせい》に表《あらわ》すと、すぐに消《き》えてしまう。

（は）相手《あいて》に応《おう》じて、敬語《けいご》を使《つか》うかどうか、方言《ほうげん》と共通語《きょうつうご》のどちらにするかなど言葉《ことば》づかいを選《えら》ぶ。

（か）ふつうはだれが読《よ》んでも分《わ》かるように、共通語《きょうつうご》で書《か》き、語順《ごじゅん》や構成《こうせい》を整《ととの》える。

本書の解答は，あくまでもひとつの例です。児童に取り組ませる前に，必ず指導される方が問題を解いてください。指導される方の作られた解答をもとに，児童の多様な考えに寄り添って○つけをお願いします。

68頁

文《ぶん》の組《く》み立《た》て (1)

名前

● 次《つぎ》のカードを、意味《いみ》の通《とお》る文《ぶん》に並《なら》べかえて書《か》きましょう。

① ふく　強《つよ》い　風《かぜ》が

強い　風が　ふく。

② 休《やす》んだ　今日《きょう》は　かぜで　学校《がっこう》を

(例) 今日は　かぜで　学校を　休んだ。

③ 絵《え》を　ノートに　弟《おとうと》が　電車《でんしゃ》の　かく

(例) 弟が　電車の　絵を　ノートに　かく。

69頁

文《ぶん》の組《く》み立《た》て (2)

名前

(1) 次《つぎ》のカードを並《なら》べかえて、問《と》いに答《こた》えましょう。

たくさん　食《た》べた　おかしを　わたしは　昨日《きのう》

① カードを意味《いみ》の通《とお》る文《ぶん》に並《なら》べかえて、書《か》きましょう。

(例) 昨日　わたしは　おかしを　たくさん　食べた

② 文《ぶん》の最後《さいご》にくるカードは、どれですか。ぬき出《だ》して書《か》きましょう。

食べた

③ ②のように文末《ぶんまつ》に書《か》く言葉《ことば》はどれにあたりますか。○をつけましょう。

(　) 修飾語《しゅうしょくご》　(○) 述語《じゅつご》　(　) 主語《しゅご》

(2) 次《つぎ》の文中《ぶんちゅう》の主語《しゅご》に──線《せん》を、述語《じゅつご》には══線《せん》を引《ひ》きましょう。またその関係《かんけい》を矢印《やじるし》で示《しめ》しましょう。

① 犬《いぬ》が　庭《にわ》を　走《はし》った。

② ぼくは　絵《え》を　かいた。

70頁

文《ぶん》の組《く》み立《た》て (3)

名前

● 次《つぎ》の文《ぶん》には、主語《しゅご》と述語《じゅつご》の関係《かんけい》が二組《ふたくみ》あります。

① 主語《しゅご》には──線《せん》を、述語《じゅつご》には══線《せん》を引《ひ》き、その関係《かんけい》を矢印《やじるし》で示《しめ》しましょう。

㋐ 兄《あに》は　中学生《ちゅうがくせい》で、弟《おとうと》は　小学生《しょうがくせい》だ。

㋑ 波《なみ》が　高く、風《かぜ》も　強《つよ》い。

㋒ 姉《あね》は　音楽家《おんがくか》で、弟《おとうと》は　画家《がか》だ。

㋓ 花《はな》が　さき、葉《は》が　しげる。

② ①の㋐～㋓の文《ぶん》は、どちらの種類《しゅるい》になっていますか。

(○) 二組《ふたくみ》の主語《しゅご》と述語《じゅつご》の関係《かんけい》が対等《たいとう》にならんでいる文《ぶん》。

(　) 二組《ふたくみ》の主語《しゅご》と述語《じゅつご》の関係《かんけい》があって、どちらかが文《ぶん》の中心《ちゅうしん》になっている文《ぶん》。

71頁

文《ぶん》の組《く》み立《た》て (4)

名前

● 次《つぎ》の文《ぶん》には、主語《しゅご》と述語《じゅつご》の関係《かんけい》が二組《ふたくみ》あります。主語《しゅご》には──線《せん》を、述語《じゅつご》には══線《せん》を引《ひ》き、その関係《かんけい》を□と矢印《やじるし》で書《か》きましょう。

① ぼくが　作《つく》った　車《くるま》が　走《はし》った。

② 私が　育てた　花が　さいた。

③ 父が　乗った　電車が　着いた。

④ 姉が　もらった　クッキーは　おいしい。

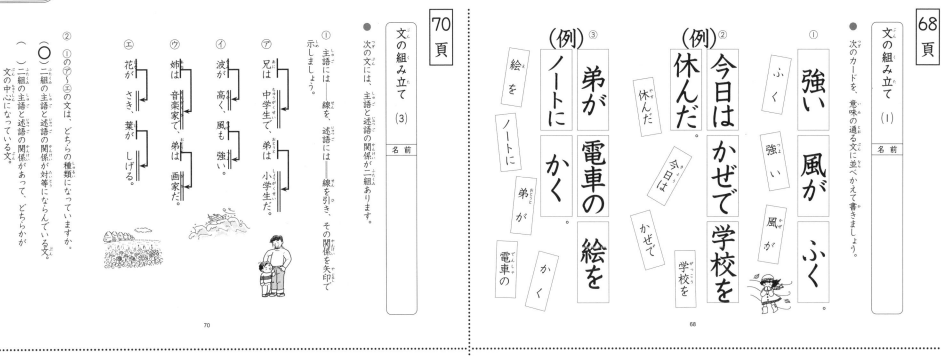

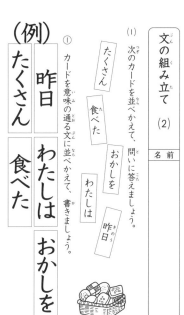

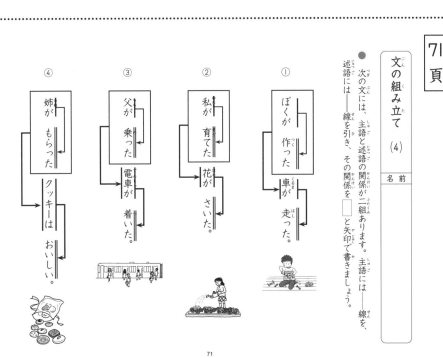

72頁

文《ぶん》の組《く》み立《た》て (5)

名前

● 次《つぎ》の文《ぶん》を〈例《れい》〉のように、二《ふた》つの短《みじか》い文《ぶん》に書《か》き直《なお》しましょう。

〈例《れい》〉 友達《ともだち》がくれたコップはとてもかわいい。

友達がコップをくれた。

そのコップはとてもかわいい。

① 母《はは》が作《つく》ったプリンはあまくておいしかった。

母がプリンを作った。

そのプリンはあまくておいしかった。

② 私《わたし》がかいた絵《え》がコンクールに入選《にゅうせん》した。

私が絵をかいた。

その絵がコンクールに入選した。

③ 姉《あね》が貸《か》してくれた本《ほん》はおもしろい。

姉が本を貸してくれた。

その本はおもしろい。

73頁

文《ぶん》の組《く》み立《た》て (6)

名前

● 次《つぎ》の二《ふた》つの文《ぶん》を〈例《れい》〉のように、一《ひと》つの文《ぶん》に書《か》き直《なお》しましょう。

〈例《れい》〉 おじさんがりんごを送《おく》ってくれた。
そのりんごはとてもおいしかった。

おじさんが送ってくれたりんごはとてもおいしかった。

① 父《ちち》がおみやげを買《か》ってきた。
そのおみやげはまんじゅうだった。

父が買ってきたおみやげはまんじゅうだった。

② 兄《あに》がかばんを持《も》っている。
かばんはとても重《おも》い。

兄が持っているかばんはとても重い。

③ 私《わたし》が電車《でんしゃ》に乗《の》っている。
電車《でんしゃ》が駅《えき》に着《つ》いた。

私が乗っている電車が駅に着いた。

74頁

文《ぶん》の組《く》み立《た》て (7)

名前

● 次《つぎ》の文《ぶん》の主語《しゅご》と述語《じゅつご》が正《ただ》しく対応《たいおう》するように、□から言葉《ことば》を選《えら》んで書《か》きましょう。

① 私《わたし》の将来《しょうらい》の夢《ゆめ》は、世界《せかい》で活《かつ》やくするサッカー選手《せんしゅ》に

なることです。

・なります。 ・なることです。 ・なりたいです。

② 絵《え》のコンクールに入選《にゅうせん》して、ぼくは友達《ともだち》から「よかったね。」と

言われました。

・言《い》われました。 ・言《い》いました。

③ 私《わたし》の長所《ちょうしょ》は、こまっている人《ひと》に親切《しんせつ》に

できることです。

・したいです。 ・できます。 ・できることです。

75頁

熟語《じゅくご》の成《な》り立《た》ち 漢字《かんじ》二字《にじ》の熟語《じゅくご》 (1)

名前

● 次《つぎ》の①～④の成《な》り立《た》ちにあてはまる熟語《じゅくご》を□から選《えら》んで書《か》きましょう。

① 似《に》た意味《いみ》の漢字《かんじ》の組《く》み合《あ》わせ。

身体　収納

② 意味《いみ》が対《つい》になる漢字《かんじ》の組《く》み合《あ》わせ。

勝敗　縦横

〈①②の熟語《じゅくご》〉
・勝敗《しょうはい》 ・身体《しんたい》 ・収納《しゅうのう》 ・縦横《じゅうおう》

③ 上《うえ》の漢字《かんじ》が下《した》の漢字《かんじ》を修飾《しゅうしょく》する関係《かんけい》にある組《く》み合《あ》わせ。

曲線　休日

④ 「――を」「――に」に当《あ》たる意味《いみ》の漢字《かんじ》が下《した》に来《く》る組《く》み合《あ》わせ。

帰国　読書

〈③④の熟語《じゅくご》〉
・曲線《きょくせん》 ・帰国《きこく》 ・読書《どくしょ》 ・休日《きゅうじつ》

解答例

本書の解答は，あくまでもひとつの例です。児童に取り組ませる前に，必ず指導される方が問題を解いてください。指導される方の作られた解答をもとに，児童の多様な考えに寄り添って○つけをお願いします。

76頁

熟語《じゅくご》の成《な》り立《た》ち
漢字《かんじ》二字《にじ》の熟語《じゅくご》 (2)
名前

● 次《つぎ》の①～④の成《な》り立《た》ちにあてはまる熟語《じゅくご》を□から選《えら》んで書《か》きましょう。

① 似《に》た意味《いみ》の漢字《かんじ》の組《く》み合《あ》わせ。
飲食　収納

② 意味《いみ》が対《つい》になる漢字《かんじ》の組《く》み合《あ》わせ。
売買　縦横

③ 上《うえ》の漢字《かんじ》が下《した》の漢字《かんじ》を修飾《しゅうしょく》する関係《かんけい》にある組《く》み合《あ》わせ。
山頂　休日

④ 「――を」「――に」に当《あ》たる意味《いみ》の漢字《かんじ》が下《した》に来《く》る組《く》み合《あ》わせ。
洗顔　読書

〈①②の熟語《じゅくご》〉
・飲食《いんしょく》　・売買《ばいばい》　・収納《しゅうのう》　・縦横《じゅうおう》

〈③④の熟語《じゅくご》〉
・山頂《さんちょう》　・洗顔《せんがん》　・読書《どくしょ》　・休日《きゅうじつ》

76

77頁

熟語《じゅくご》の成《な》り立《た》ち
漢字《かんじ》二字《にじ》の熟語《じゅくご》 (3)
名前

(1) 次《つぎ》の①②の成《な》り立《た》ちにあてはまる二字《にじ》の熟語《じゅくご》を、□の中《なか》の漢字《かんじ》を組《く》み合《あ》わせて作《つく》りましょう。

① 似《に》た意味《いみ》の漢字《かんじ》の組《く》み合《あ》わせ。
希《き》望《ぼう》　救助

② 意味《いみ》が対《つい》になる漢字《かんじ》の組《く》み合《あ》わせ。
左《さ》右《ゆう》　強弱

希	強	救	左
右	望	弱	助

(2) 次《つぎ》の①～④の熟語《じゅくご》の成《な》り立《た》ちを、□から選《えら》んで（　）に記号《きごう》を書《か》きましょう。

① 造船《ぞうせん》（イ）
② 親友《しんゆう》（ア）
③ 最高《さいこう》（ア）
④ 採血《さいけつ》（イ）

㋐ 上《うえ》の漢字《かんじ》が下《した》の漢字《かんじ》を修飾《しゅうしょく》する関係《かんけい》にある組《く》み合《あ》わせ。
㋑ 「――を」「――に」に当《あ》たる意味《いみ》の漢字《かんじ》が下《した》に来《く》る組《く》み合《あ》わせ。

77

78頁

熟語《じゅくご》の成《な》り立《た》ち
漢字《かんじ》二字《にじ》の熟語《じゅくご》 (4)
名前

● 次《つぎ》の熟語《じゅくご》と同《おな》じ成《な》り立《た》ちのものを□の中《なか》から選《えら》んで書《か》きましょう。

① 道路《どうろ》　豊富
豊富《ほうふ》・帰国《きこく》・白黒《しろくろ》

② 天地《てんち》　苦楽
救助《きゅうじょ》・苦楽《くらく》・強敵《きょうてき》

③ 白紙《はくし》　冷風
天地《てんち》・身体《しんたい》・冷風《れいふう》

④ 停車《ていしゃ》　洗顔
洗顔《せんがん》・寒暑《かんしょ》・絵画《かいが》

78

79頁

熟語《じゅくご》の成《な》り立《た》ち
漢字《かんじ》三字《さんじ》の熟語《じゅくご》 (1)
名前

● 次《つぎ》の成《な》り立《た》ちにあう漢字《かんじ》三字《さんじ》の熟語《じゅくご》を□から選《えら》んで、〈例《れい》〉のように□に漢字《かんじ》をあてはめて書《か》きましょう。

① 一字《いちじ》の語《ご》＋二字《にじ》の熟語《じゅくご》
〈例《れい》〉大《だい》＋自然《しぜん》→大自然《だいしぜん》
新＋記録→新記録

② 二字《にじ》の熟語《じゅくご》＋一字《いちじ》の語《ご》
〈例《れい》〉時刻《じこく》＋表《ひょう》→時刻表《じこくひょう》
銀河＋系→銀河系

③ 一字《いちじ》の語《ご》が三《みっ》つならぶ
〈例《れい》〉衣《い》＋食《しょく》＋住《じゅう》→衣食住《いしょくじゅう》
市＋町＋村→市町村

市町村《しちょうそん》・新記録《しんきろく》・銀河系《ぎんがけい》

79

解答例

80頁

熟語《じゅくご》の成《な》り立《た》ち
漢字三字《かんじさんじ》の熟語《じゅくご》 (2)

名前

(1) 次《つぎ》の熟語《じゅくご》は、上《うえ》の一字《いちじ》の語《ご》が下《した》の二字《にじ》の熟語《じゅくご》の意味《いみ》を打《う》ち消《け》すものです。
□にあてはまる漢字《かんじ》を□から選《えら》んで書《か》きましょう。

未《み》・不《ふ》・無《む》・非《ひ》

① 不 可能《かのう》
② 非 常識《じょうしき》
③ 未 完成《かんせい》
④ 無 気力《きりょく》

(2) 次《つぎ》の三字《さんじ》の熟語《じゅくご》を、構成《こうせい》している語《ご》に分《わ》けて書《か》きましょう。

〈例《れい》〉 合言葉《あいことば》 → 合＋言葉
松竹梅《しょうちくばい》 → 松＋竹＋梅
① 試運転《しうんてん》 → 試＋運転
② 上中下《じょうちゅうげ》 → 上＋中＋下
③ 長時間《ちょうじかん》 → 長＋時間

81頁

熟語《じゅくご》の成《な》り立《た》ち
漢字三字《かんじさんじ》の熟語《じゅくご》 (3)

名前

(1) 次《つぎ》の熟語《じゅくご》は、下《した》の一字《いちじ》の語《ご》が、上《うえ》の二字《にじ》の熟語《じゅくご》に意味《いみ》をそえるものです。
□に「的《てき》」「化《か》」のどちらかを入《い》れて、三字《さんじ》の熟語《じゅくご》を作《つく》りましょう。

① 少子《しょうし》 化《か》
② 積極《せっきょく》 的
③ 家庭《かてい》 的
④ 緑地《りょくち》 化
⑤ 典型《てんけい》 的
⑥ 最適《さいてき》 化

(2) 三字《さんじ》の熟語《じゅくご》になるように、上《うえ》の語《ご》と下《した》の熟語《じゅくご》を——線《せん》で結《むす》びましょう。

① 副《ふく》・高《こう》・新《しん》 ／ 製品《せいひん》・作用《さよう》・気圧《きあつ》
副 — 作用
高 — 気圧
新 — 製品

② 不《ふ》・少《しょう》・軽《けい》 ／ 工業《こうぎょう》・人数《にんずう》・自然《しぜん》
不 — 自然
少 — 人数
軽 — 工業

82頁

熟語《じゅくご》の成《な》り立《た》ち
漢字三字《かんじさんじ》の熟語《じゅくご》 (4)

名前

● 次《つぎ》の漢字三字《かんじさんじ》の熟語《じゅくご》は、一字《いちじ》の語《ご》の集《あつ》まりから成《な》る熟語《じゅくご》です。
□の中《なか》からあてはまる漢字《かんじ》を選《えら》んで書《か》きましょう。
また、（　）に読《よ》みがなを書《か》きましょう。

大・梅・食

① 衣 食 住（いしょくじゅう）
② 松 竹 梅（しょうちくばい）
③ 大 中 小（だいちゅうしょう）

町・心・下

④ 上 中 下（じょうちゅうげ）
⑤ 市 町 村（しちょうそん）
⑥ 心 技 体（しんぎたい）

83頁

熟語《じゅくご》の成《な》り立《た》ち
漢字四字以上《かんじよじいじょう》の熟語《じゅくご》 (1)

名前

(1) □にあてはまる漢字《かんじ》を、□から選《えら》んで四字《よじ》の熟語《じゅくご》を作《つく》りましょう。

秋・断

① 横《おう》 断《だん》 歩道《ほどう》
　春夏《しゅんか》 秋《しゅう》 冬《とう》

測・全

② 体重《たいじゅう》 測《そく》 定《てい》
　交通安《こうつうあん》 全《ぜん》

(2) 四字《よじ》の熟語《じゅくご》になるように、上《うえ》と下《した》の熟語《じゅくご》を——線《せん》で結《むす》びましょう。

① 漢字《かんじ》 — 辞典《じてん》
② 登場《とうじょう》 — 人物《じんぶつ》
③ 特別《とくべつ》 — 急行《きゅうこう》
④ 天気《てんき》 — 予報《よほう》

本書の解答は，あくまでもひとつの例です。児童に取り組ませる前に，必ず指導される方が問題を解いてください。指導される方の作られた解答をもとに，児童の多様な考えに寄り添って○つけをお願いします。

84頁

熟語《じゅくご》の成《な》り立《た》ち
漢字《かんじ》四字《よじ》以上《いじょう》の熟語《じゅくご》 (2)

名前

● 次《つぎ》の熟語《じゅくご》は、いくつか語《ご》が集《あつ》まってできています。〈例《れい》〉にならって書《か》きましょう。

〈例《れい》〉臨時休業《りんじきゅうぎょう》 ― 臨時 ＋ 休業

① 国語辞典《こくごじてん》 ― 国語 ＋ 辞典

② 郵便切手《ゆうびんきって》 ― 郵便 ＋ 切手

③ 東西南北《とうざいなんぼく》 ― 東 ＋ 西 ＋ 南 ＋ 北

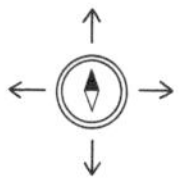

④ 宇宙飛行士《うちゅうひこうし》 ― 宇宙 ＋ 飛行 ＋ 士

⑤ 世界新記録《せかいしんきろく》 ― 世界 ＋ 新 ＋ 記録

85頁

四字熟語《よじじゅくご》 (1)

名前

(1) □にあてはまる漢字《かんじ》を、□から選《えら》んで四字熟語《よじじゅくご》を作《つく》りましょう。四字熟語《よじじゅくご》にあてはまる意味《いみ》を━線《せん》で結《むす》びましょう。

① 絶体絶命《ぜったいぜつめい》
② 十人十色《じゅうにんといろ》
③ 起承転結《きしょうてんけつ》

転・命・色

- ① 絶体絶命 ― どうしてものがれられない困難《こんなん》な場合《ばあい》にあること。
- ② 十人十色 ― 考《かんが》えや好《この》みは人《ひと》によってみんなちがうということ。
- ③ 起承転結 ― 文章《ぶんしょう》や話《はなし》などの構成《こうせい》の順序《じゅんじょ》。

(2) 四字熟語《よじじゅくご》になるように、上《うえ》と下《した》の熟語《じゅくご》を━線《せん》で結《むす》びましょう。

- ① 一石《いっせき》 ― 二鳥《にちょう》
- ② 心機《しんき》 ― 一転《いってん》
- ③ 一進《いっしん》 ― 一退《いったい》

86頁

四字熟語《よじじゅくご》 (2)

名前

(1) □にあてはまる漢字《かんじ》を、□から選《えら》んで四字熟語《よじじゅくご》を作《つく》りましょう。（　）に四字熟語《よじじゅくご》の読《よ》みがなを書《か》きましょう。

㋐ 日進月歩（にっしんげっぽ）
㋑ 温故知新（おんこちしん）
㋒ 言語道断（ごんごどうだん）

故・進・歩・新・断・語

(2) 次《つぎ》の意味《いみ》にあてはまる四字熟語《よじじゅくご》を(1)の㋐～㋒から選《えら》んで記号《きごう》を□に書《か》きましょう。

① 昔《むかし》の事《こと》をたずね求《もと》めて、新《あたら》しい知識《ちしき》を導《みちび》くこと。 ㋑

② 毎日《まいにち》絶《た》え間《ま》なくどんどん進歩《しんぽ》すること。 ㋐

③ あまりにひどくて言葉《ことば》に表《あらわ》せないこと。 ㋒

87頁

熟語遊《じゅくごあそ》び (1)

名前

● 次《つぎ》の□にあてはまる漢字《かんじ》を、□から選《えら》んで三字《さんじ》の熟語《じゅくご》を作《つく》りましょう。（↓→の方向《ほうこう》に読《よ》みましょう。）

① ↓ 運動場　→ 自動車

② ↓ 不気味　→ 無気力

③ ↓ 太平洋　→ 地平線

④ ↓ 通学路　→ 小学生

気・動・学・平

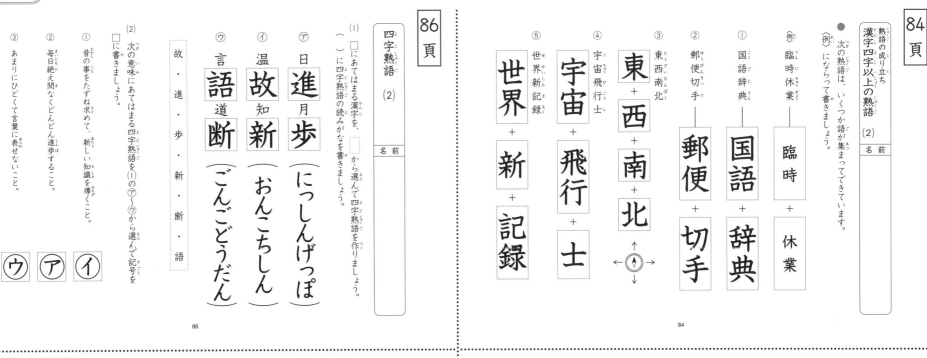

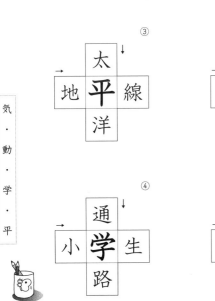

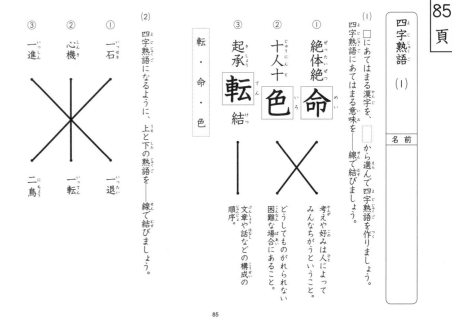

88頁

熟語遊《じゅくごあそ》び (2)

名前

● 次《つぎ》の□にあてはまる漢字《かんじ》を、□から選《えら》んで四字熟語《よじじゅくご》を作《つく》りましょう。
（→の方向《ほうこう》に読《よ》みましょう。）

①

三寒四温
三日天下
四角四面
四捨五入

五・四・四・三

②

四苦八苦
八方美人
十人十色

十・八・四・十

①と②のヒント
・ししゃごにゅう
・みっかてんか
・はっぽうびじん
・しかくしめん
・じゅうにんといろ
・しくはっく
・さんかんしおん

89頁

言葉《ことば》の変化《へんか》 (1)

名前

● 次《つぎ》の言葉《ことば》は（昔《むかし》）と（今《いま》）とで使《つか》い方《かた》にちがいが見《み》られます。それぞれの時代《じだい》の言葉《ことば》で表《あらわ》している方《ほう》を□から選《えら》んで（　）に記号《きごう》で答《こた》えましょう。

①
（昔《むかし》） うつくしうて （イ）
（今《いま》） うつくしい （ア）

㋐ 美《うつく》しい。
㋑ かわいらしい。

②
（昔《むかし》） すさまじ （イ）
（今《いま》） すさまじい （ア）

㋐ 程度《ていど》や勢《いきお》いがひどくはげしい。
㋑ 不調和《ふちょうわ》でおもしろくない。

③
（昔《むかし》） あはれ《わ》なり （イ）
（今《いま》） あわれだ （ア）

㋐ かわいそうである。
㋑ 喜《よろこ》び、楽《たの》しみ、悲《かな》しみなどを感《かん》じ、しみじみと感動《かんどう》する。

90頁

言葉《ことば》の変化《へんか》 (2)

名前

● 次《つぎ》の世代《せだい》による言葉《ことば》のちがいについて答《こた》えましょう。

① 上《うえ》の世代《せだい》で呼《よ》ばれていた次《つぎ》の言葉《ことば》は、下《した》の世代《せだい》ではどのように表《あらわ》されることがありますか。□から選《えら》んで□に言葉《ことば》を書《か》きましょう。

㋐ さじ → スプーン
㋑ えりまき → マフラー
㋒ 暦《こよみ》 → カレンダー

・カレンダー
・スプーン
・マフラー

② 下《した》の世代《せだい》で呼《よ》ばれている次《つぎ》の言葉《ことば》は、上《うえ》の世代《せだい》ではどのように表《あらわ》されることがありますか。□から選《えら》んで□に言葉《ことば》を書《か》きましょう。

㋐ ノート → 帳面
㋑ キッチン → 台所
㋒ スーツ → 背広

・台所《だいどころ》
・背広《せびろ》
・帳面《ちょうめん》

91頁

複合語《ふくごうご》 (1)

名前

(1) 和語《わご》と和語《わご》を組《く》み合《あ》わせて複合語《ふくごうご》を作《つく》りましょう。〈例《れい》〉のように□に平仮名《ひらがな》で書《か》きましょう。

〈例《れい》〉 折《お》る ＋ 紙《かみ》 → おりがみ
① 早《はや》く ＋ 起《お》きる → はやおき
② うすい ＋ 暗《くら》い → うすぐらい
③ 昼《ひる》 ＋ 休《やす》む → ひるやすみ

(2) 次《つぎ》の複合語《ふくごうご》は、どのような和語《わご》の組《く》み合《あ》わせでできていますか。〈例《れい》〉のように□に書《か》きましょう。

〈例《れい》〉 見送《みおく》る → 見る ＋ 送る
① あまずっぱい → あまい ＋ すっぱい
② 走《はし》り回《まわ》る → 走る ＋ 回る
③ 食《た》べ物《もの》 → 食べる ＋ 物

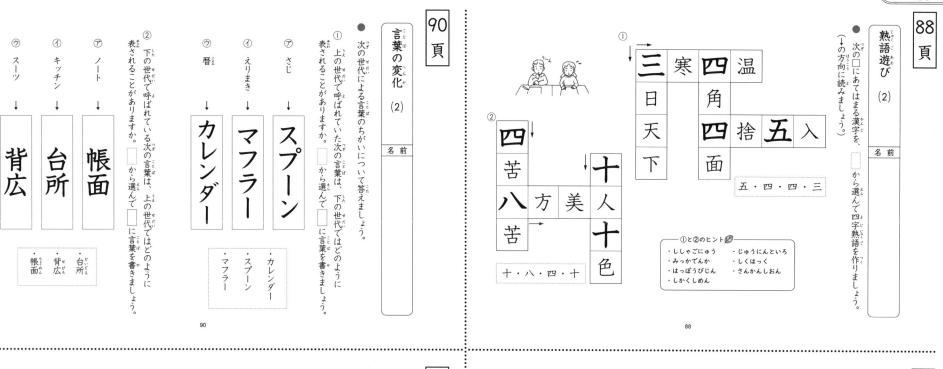

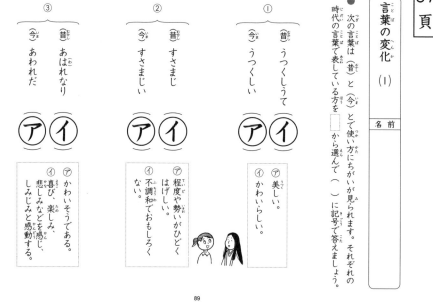

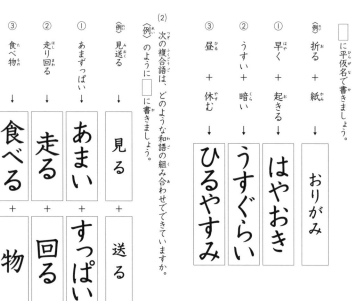

解答例

本書の解答は，あくまでもひとつの例です。児童に取り組ませる前に，必ず指導される方が問題を解いてください。指導される方の作られた解答をもとに，児童の多様な考えに寄り添って○つけをお願いします。

92頁

複合語《ふくごうご》（2）　名前

(1) 〈例《れい》〉のように漢語《かんご》と漢語《かんご》を組《く》み合《あ》わせて、□に複合語《ふくごうご》を作《つく》りましょう。

〈例《れい》〉天気《てんき》 ＋ 予報《よほう》 → 天気予報

① 防災《ぼうさい》 ＋ 訓練《くんれん》 → 防災訓練

② 国内《こくない》 ＋ 旅行《りょこう》 → 国内旅行

③ 図書《としょ》 ＋ 委員《いいん》 → 図書委員

(2) 次《つぎ》の複合語《ふくごうご》は、どのような漢語《かんご》の組《く》み合《あ》わせでできていますか。〈例《れい》〉のように□に書《か》きましょう。

〈例《れい》〉新聞記者《しんぶんきしゃ》 → 新聞 ＋ 記者

① 野球選手《やきゅうせんしゅ》 → 野球 ＋ 選手

② 日常生活《にちじょうせいかつ》 → 日常 ＋ 生活

③ 観光案内《かんこうあんない》 → 観光 ＋ 案内

93頁

複合語《ふくごうご》（3）　名前

(1) 〈例《れい》〉のように外来語《がいらいご》と外来語《がいらいご》を組《く》み合《あ》わせて、□に複合語《ふくごうご》を作《つく》りましょう。

〈例《れい》〉ジャム ＋ パン → ジャムパン

① スクール ＋ バス → スクールバス

② デジタル ＋ カメラ → デジタルカメラ

③ スポーツ ＋ クラブ → スポーツクラブ

(2) 次《つぎ》の複合語《ふくごうご》は、どのような外来語《がいらいご》の組《く》み合《あ》わせでできていますか。〈例《れい》〉のように□に書《か》きましょう。

〈例《れい》〉トマトジュース → トマト ＋ ジュース

① チーズケーキ → チーズ ＋ ケーキ

② スイミングスクール → スイミング ＋ スクール

③ ピアノコンサート → ピアノ ＋ コンサート

94頁

複合語《ふくごうご》（4）　名前

(1) 次《つぎ》の〈例《れい》〉のように、複合語《ふくごうご》を和語《わご》と漢語《かんご》に分《わ》けましょう。

〈例《れい》〉雪合戦《ゆきがっせん》 → 【和語《わご》】雪の ＋ 【漢語《かんご》】合戦

① 赤信号《あかしんごう》 → (例) 赤い ＋ 信号

② 花火大会《はなびたいかい》 → (例) 花火 ＋ 大会

(2) 次《つぎ》の〈例《れい》〉のように、複合語《ふくごうご》を和語《わご》と外来語《がいらいご》に分《わ》けましょう。

〈例《れい》〉長《なが》ズボン → 【和語《わご》】長い ＋ 【外来語《がいらいご》】ズボン

① 消《け》しゴム → (例) 消す ＋ ゴム

② 歯《は》ブラシ → (例) 歯 ＋ ブラシ

(3) 次《つぎ》の〈例《れい》〉のように、複合語《ふくごうご》を漢語《かんご》と外来語《がいらいご》に分《わ》けましょう。

〈例《れい》〉自動《じどう》ドア → 【漢語《かんご》】自動 ＋ 【外来語《がいらいご》】ドア

① 卒業《そつぎょう》アルバム → 卒業 ＋ アルバム

② 非常《ひじょう》ベル → 非常 ＋ ベル

95頁

複合語《ふくごうご》（5）　名前

● 次《つぎ》の言葉《ことば》を組《く》み合《あ》わせて〈例《れい》〉のように複合語《ふくごうご》を作《つく》りましょう。（　）に読《よ》みがなを書《か》きましょう。

〈例《れい》〉酒《さけ》 ＋ 屋《や》 → 酒屋（さかや）

① 白《しろ》い ＋ 波《なみ》 → 白波（しらなみ）

② 雨《あめ》 ＋ かさ → 雨がさ（あまがさ）

③ 風《かぜ》 ＋ 向《む》き → 風向き（かざむき）

④ 船《ふね》 ＋ 乗《の》り → 船乗り（ふなのり）

⑤ うすい ＋ 暗《くら》い → うす暗い（うすぐらい）

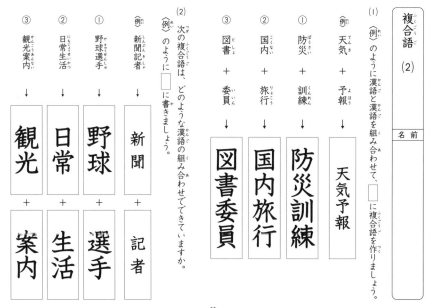

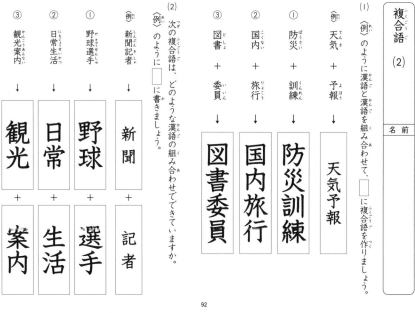

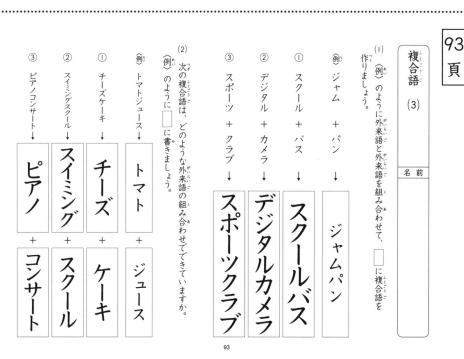

96頁

複合語《ふくごうご》 (6)

名前

(1) 長《なが》くなった複合語《ふくごうご》を、短《みじか》く縮《ちぢ》めて表現《ひょうげん》した形《かたち》を［　］に書《か》きましょう。

① パーソナルコンピューター → パソコン

② 国民体育大会《こくみんたいいくたいかい》 → 国体

③ コンビニエンスストア → コンビニ

④ 国際連合《こくさいれんごう》 → 国連

(2) 次《つぎ》の□にあてはまる、意味《いみ》をそえる言葉《ことば》を［　］から選《えら》んで書《か》き、複合語《ふくごうご》を作《つく》りましょう。

① ［無・非］ ㋐ 無意識　㋑ 非常食

② ［たち・的］ ㋐ 積極的　㋑ わたしたち

③ ［か・真］ ㋐ 真心　㋑ か弱い

ヒント
- せっきょくてき
- ひじょうしょく
- むいしき
- まごころ
- かよわい
- わたしたち

97頁

場面《ばめん》に応《おう》じた言葉《ことば》づかい (1)

名前

● 次《つぎ》のような場面《ばめん》で、ふさわしい言葉《ことば》づかいにあてはまる方《ほう》に○をつけましょう。

① 【先生《せんせい》に対《たい》して話《はな》すとき】
先生《せんせい》、この本《ほん》を（○）お借《か》りしてもいいですか。／（　）借《か》りてもいいかな。

② 【同級生《どうきゅうせい》に話《はな》しかけるとき】
（○）この前《まえ》は／（　）先日《せんじつ》は　宿題《しゅくだい》を（　）教《おし》えていただいて／（○）教《おし》えてくれて　ありがとう。

③ 【校長先生《こうちょうせんせい》が言《い》ったことを話《はな》すとき】
「ろうかは、走《はし》らないように。」と（○）おっしゃった。／（　）言《い》った。

④ 【全校集会《ぜんこうしゅうかい》で話《はな》すとき】
みなさん（　）おはよう。／（○）おはようございます。

今《いま》から集会《しゅうかい》を（○）始《はじ》めます。／（　）始《はじ》めるよ。

⑤ 【目上《めうえ》の人《ひと》のことを話《はな》すとき】
学校《がっこう》に、消防署《しょうぼうしょ》の人《ひと》が（　）来《き》た。／（○）来《こ》られた。

98頁

場面《ばめん》に応《おう》じた言葉《ことば》づかい (2)

名前

● 次《つぎ》のような場面《ばめん》では、どのような言葉《ことば》づかいがふさわしいでしょうか。あてはまる方《ほう》に○をしましょう。

① 【たのみごとをするとき】
（　）たなの上《うえ》の荷物《にもつ》を取《と》りなさい。
（○）たなの上《うえ》の荷物《にもつ》を取《と》ってもらえませんか。

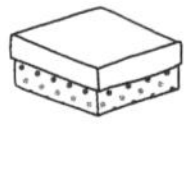

② 【お母《かあ》さんが言《い》ったことを先生《せんせい》に伝《つた》えるとき】
（○）母《はは》が先生《せんせい》にお会《あ》いしたいと申《もう》していました。
（　）お母《かあ》さんが先生《せんせい》に会《あ》いたいと言《い》っていました。

③ 【妹《いもうと》に話《はな》しかけるとき】
（○）さっき食《た》べたケーキはおいしかったね。
（　）先《さき》ほどいただいたケーキはおいしかったですね。

99頁

場面《ばめん》に応《おう》じた言葉《ことば》づかい (3)

名前

● 次《つぎ》のような場面《ばめん》では、どのような言葉《ことば》づかいがふさわしいでしょうか。——線《せん》の言葉《ことば》を書《か》きかえましょう。

① 【絵画展《かいがてん》に来《き》た人《ひと》を案内《あんない》するとき】
展示会場《てんじかいじょう》は、あっちだよ。案内《あんない》するよ。
（例）（あちらです）（ご案内します）

② 【駅《えき》で分《わ》からないことを駅員《えきいん》さんにたずねるとき】
東京駅《とうきょうえき》に行《い》きたいのだけど、この電車《でんしゃ》でいいかな。
（例）（ですが）（いいですか）

③ 【お母《かあ》さんが留守《るす》の時《とき》に電話《でんわ》がかかってきたとき】
お母《かあ》さんは、今《いま》、留守《るす》です。だれですか。
（例）（母）（どなた）

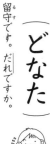

解答例

本書の解答は，あくまでもひとつの例です。児童に取り組ませる前に，必ず指導される方が問題を解いてください。指導される方の作られた解答をもとに，児童の多様な考えに寄り添って〇つけをお願いします。

100頁

場面《ばめん》に応《おう》じた言葉《ことば》づかい　(4)

名前

● 次《つぎ》のような場面《ばめん》では、どのような言葉《ことば》づかいがふさわしいでしょうか。□の中《なか》から選《えら》んで（　）に書《か》きましょう。

① 【友達《ともだち》どうしで話《はな》すとき】

この前《まえ》、かして㋐（もらった）本《ほん》を、

㋑（返すね）。

㋐ もらった・いただいた

㋑ お返《かえ》しします・返《かえ》すね

② 【工場見学《こうじょうけんがく》でお世話《せわ》になった方《かた》に話《はな》すとき】

先日《せんじつ》は、工場《こうじょう》の仕組《しく》みを㋐（教えていただいて）

㋑（ありがとうございました）。

㋐ 教《おし》えてくれて・教《おし》えていただいて

㋑ ありがとう・ありがとうございました

101頁

熟語《じゅくご》の使《つか》い分《わ》け　(1)

名前

● 次《つぎ》の文《ぶん》の□にあてはまる熟語《じゅくご》を□から選《えら》んで書《か》きましょう。

① 重要《じゅうよう》・大事《だいじ》

㋐ 親《おや》を 大事 にする。

㋑ 歴史上《れきしじょう》の 重要 人物《じんぶつ》について調《しら》べる。

② 事実《じじつ》・現実《げんじつ》

㋐ 理想《りそう》と 現実 とはちがう。

㋑ 意外《いがい》な 事実 が明《あき》らかになる。

③ 経験《けいけん》・体験《たいけん》

㋐ 経験 豊富《ほうふ》な人《ひと》の話《はなし》を聞《き》く。

㋑ 祖母《そぼ》に昔《むかし》の 体験 談《だん》を聞《き》かせてもらう。

102頁

熟語《じゅくご》の使《つか》い分《わ》け　(2)

名前

● 次《つぎ》の文《ぶん》では、どちらの熟語《じゅくご》がふさわしいでしょう。（　）内《ない》の熟語《じゅくご》であてはまる方《ほう》を〇で囲《かこ》みましょう。

① どんなに大変《たいへん》だったろうと（予測《よそく》・**推測《すいそく》**）する。

② （**空想《くうそう》**・想像《そうぞう》）科学小説《かがくしょうせつ》を読《よ》む。

③ 国語《こくご》の参考書《さんこうしょ》の利用《りよう》（**方法《ほうほう》**・手段《しゅだん》）を学《まな》ぶ。

④ 中学《ちゅうがく》の（経験《けいけん》・**体験《たいけん》**）授業《じゅぎょう》を受《う》ける。

⑤ 車《くるま》が（**制限《せいげん》**・限定《げんてい》）速度《そくど》を守《まも》って走《はし》る。

⑥ ある学校《がっこう》の児童数《じどうすう》が（追加《ついか》・**増加《ぞうか》**）している。

喜楽研の支援教育シリーズ
もっと　ゆっくり　ていねいに学べる
個別指導に最適
読解ワーク　基礎編　6-①
光村図書・東京書籍・教育出版の
教科書教材などより抜粋

2023年3月1日

イ ラ ス ト：山口　亜耶・浅野　順子　他
表紙イラスト：山口　亜耶
表紙デザイン：エガオデザイン
企 画 ・ 編 著：原田　善造・あおい　えむ・今井　はじめ・さくら　りこ
中　あみ・中　えみ・中田　こういち・なむら　じゅん
はせ　みう・ほしの　ひかり・堀越　じゅん・みやま　りょう（他4名）
編 集 担 当：長谷川　佐知子
発　行　者：岸本　なおこ
発　行　所：喜楽研（わかる喜び学ぶ楽しさを創造する教育研究所：略称）
〒604-0827　京都府京都市中京区高倉通二条下ル瓦町 543-1
TEL 075-213-7701　FAX 075-213-7706　HP https://www.kirakuken.co.jp
印　　　刷：株式会社米谷

ISBN : 978-4-86277-419-4

Printed in Japan